KB271410

아버지의
웃음

아버지의 울음

임붕영 지음

청림출판

한 그루의 나무가 모여 푸른 숲을 이루듯이
청림의 책들은 삶을 풍요롭게 합니다.

‘성공해서 웃는 것이 아니라 웃어서 성공한다’ 는 말이 있습니다. 이는 부정적 사고로 자신과 세상을 향해 분노를 일삼는 사람은 성공하기 어렵다는 말일 것입니다. 또한 자신이 살고 있는 현재를 인정하고, 긍정적이며 적극적인 사고를 갖는 것에서 웃음, 즉 성공이 시작된다는 의미일 것입니다.

궁극적으로 웃음은 부나 명예, 권력이 주지 못하는 진정한 성공, 즉 행복을 가져다줍니다. 우리가 하는 일이 무엇이든 그것은 결국 행복해지기 위한 것이 아니던가요?

셰익스피어는 '웃음은 천 가지 해를 없애 준다' 라고 했습니다. 웃음에는 그만큼 신비한 힘이 숨겨져 있다는 것입니다.

신은 우리들 각자에게 이미 웃음이란 가장 귀한 선물을 주셨습니다. 다만 우리가 바쁘다, 외롭다, 먹고살기 힘들다 등 갖가지 이유로, 혹은 세상 탓만 하며 웃을 일이 없다고 외면해 버렸을 뿐입니다.

지금이라도 자신 안에 살아 있는 위대한 힘을 찾아야 합니다. 무엇이든 연습이 필요한 것처럼 세상을 따뜻하게 바라보고, 어떤 상황에서건 긍정적인 자세를 가지는 것 역시 연습이 필요한 일입니다. 《아버지의 웃음》은 진정한 성공을 이루기 위한 연습을 도와드릴 것입니다.

아버지의 웃음은 제가 인생살이를 하면서 받은 가장 값진 선물입니다. 아버지에게 물려받은 유산이며, 아버지는 그 유산을 세상 사람들 모두와 나누길 원하셨습니다.

아버지의 웃음

　그리고 이제 여러분과 아버지의 웃음을 나누게 되었습니다. 무엇보다 큰 행복이라고 생각합니다.

　힘들고 어려울 때 말없이 손 내밀어 주시던 아버지의 따뜻한 지혜가 담긴 《아버지의 웃음》을 통해 세상을 사는 참된 진리와 행복을 찾을 수 있을 것입니다.

임 봉 영

c o n t e n t s

아들에게 주는 삶의 지혜 | 3장

주저앉지 말고 다시 시작해! | 4장

아버지가 남긴 소중한 선물 | 5장

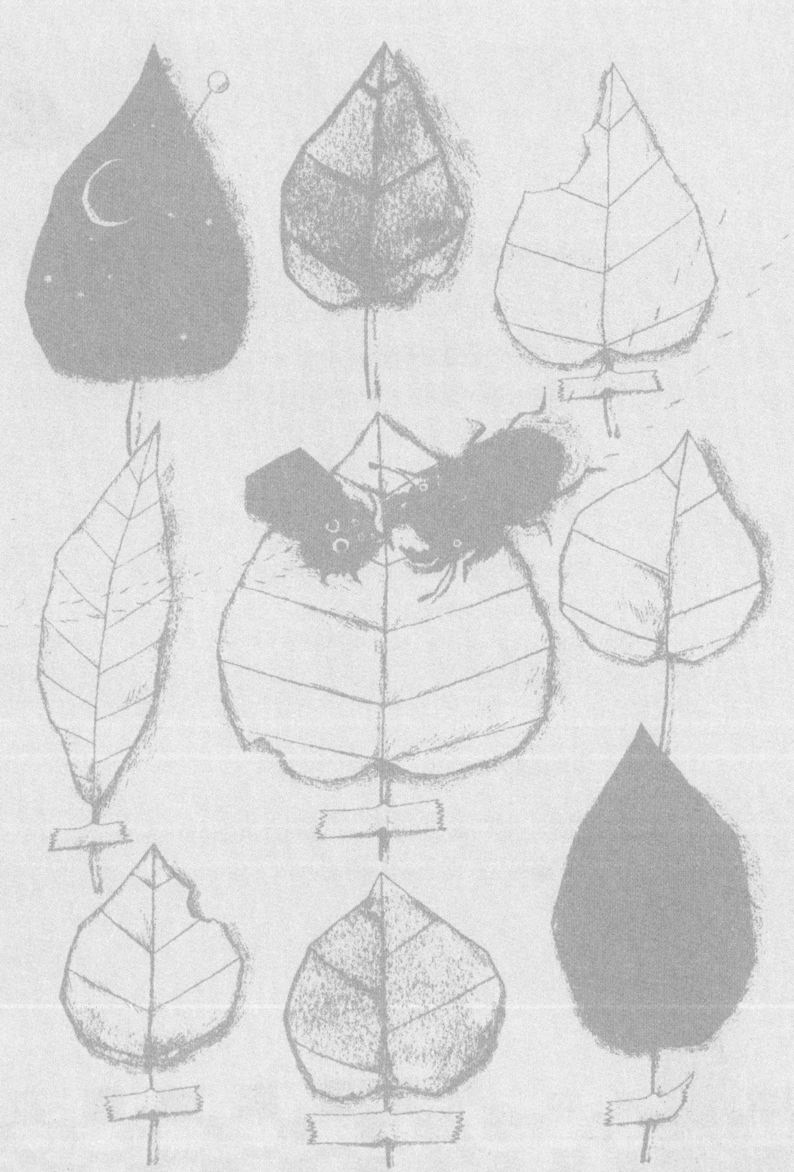

1장

상처 입은 나무가 단단한 법이다

인생에는 정답이 없다

　　그는 말없이 산을 올랐다. 이미 오랜 시간 걸었기에 온몸이 땀으로 젖어 있었다. 갑작스레 내리친 비바람이 몰고 온 한기가 뒤통수를 때리는데도 아랑곳없이 무조건 앞만 보고 걸었다. 산중에 특별한 일이 있는 것도 아니고, 기다리는 친구가 있는 것도 아니건만 그저 묵묵히 정상을 향할 뿐이었다.

　　이렇게 목적 없이 산에 오르기 시작한 지도 벌써 6개월이나 흘렀다. 그는 그저 살아 숨쉬고 있다는 것을 확인하고 싶어서 산에 올랐다. 자신을 반겨 줄 친구는커녕 가족마저 자신을 홀대하는 상황에서 이제 산만이 유일한 대화 상대요, 친구였다.

불과 6개월 전만 해도 그는 왜 멀쩡하게 생긴 동년배들이 출근시간 산으로 향하는지 이해할 수 없었다. 자신이 그들과 똑같은 행색으로, 도시에서 살아남은 사람들의 시선을 받으며 산에 오르게 될 것이라고는 더더욱 생각지 못했다. 그가 보기에, 산에 오르는 그들은 무능하고 자기관리를 못한 마땅히 도태되어야 할 사람들이었다. 혹은 대인관계가 시원치 못했거나 조직에서 원하는 실력을 갖추지 못한 무능력자이거나, 그도 아니면 무언가 잘못을 저지르고 직장에서 쫓겨난 사람들일 것이라고 생각했다. 어떤 이유를 가져다 대도 그들은 한심하기 짝이 없는 사람이었다.

'하지만 나는….'

머릿속이 복잡하게 얽혔다 풀렸다를 반복했다. 그러는 동안 그는 산꼭대기에 다다랐다. 정상에 오를 때쯤 꾸물거리던 하늘도 맑게 개였다.

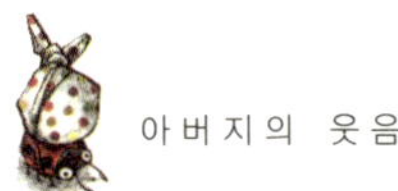

아버지의 웃음

무심코 맑은 하늘 아래로 펼쳐진 도심을 내려다보던 그의 눈앞에 지난 세월이 흑백필름처럼 오버랩되었다. 갑자기 서러움과 분노가 동시에 밀려왔다.

'내가 이렇게 한심한 사람이었나.'

이쯤에서 생각이 멈추자 그는 열심히 살아온 지난 세월이 허망하다는 생각이 들었다.

'앞만 보고 달려왔는데….'

허탈한 심정 때문이었는지 그는 심한 갈증을 느꼈다. 그는 배낭에서 물통을 꺼내 한 모금 마시고는 자신을 진정시키며 바위 위에 걸터앉았다.

청명한 하늘 아래 고층 건물들이 위풍당당하게 서 있었다. 한 치의 빈 공간도 허용치 않으려는 듯 빼곡히 올라선 건물들을 보며 저 안에 자신의 자리가 없다는 것이 견딜 수 없을 만큼 화가 났다.

불현듯 '나는 무엇인가' 라는 자기 연민과 주체할 수 없는 분노가 엄습해 왔다. 그는 답답한 가슴을 쥐어뜯으며 소리소리 질렀다.

얼마나 소리를 쳤을까, 더 이상 목소리조차 나오지 않을 때 누군가 그의 등을 토닥였다.

"형씨, 그만하쇼. 차츰 시간이 지나면 좀 나아질 거요."

동년배로 보이는 한 남자가 선한 인상을 지으며 그를 위로했다.

"소리쳐야 달라지는 건 없다오. 빨리 잊고 털어야지. 그게 형씨를 위해서도 좋을 거요."

그의 주변으로 몇 사람이 눈에 띄었다. 익숙히 알고 있는 사람과 인사를 나누듯 중년의 사내는 술잔을 내밀어 권했다.

"한 잔 받으시오."

그는 옛 친구라도 만난 듯 사내가 따라 주는 막걸리를 숨 돌릴 틈 없이 두어 잔 연거푸 마셨다.

낯선 사내는 술을 한 잔 더 따르다 말고 그에게 말했다.

"무슨 사정인지는 모르겠지만 여기에 오는 대부분의 사람들은 형씨만큼 상처를 가지고 있다오. 잘나간다고 주위의 부러움과 시샘을 받았는데, 어느 날 갑자기 자기 자리를

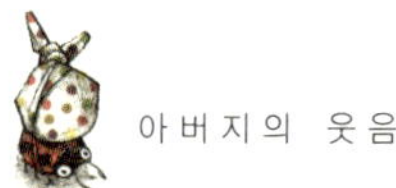
아버지의 웃음

잃어버린 거지. 나도 그렇다오. 갑자기 이 모양 이 꼴이 되어 낙담했지. 가족들의 눈초리도 매섭고 집에 있으면 숨통이 막혀 심장이 멎을 것 같아서 산에 오르기 시작했소. 하지만 지금은 견딜 만하다오. 뭐, 처음엔 다들 어렵지만 그래도 산 입에 거미줄이야 치겠소.”

그는 무언가 말을 더 이으려다 말고 술을 마저 따랐다.

“한 잔 더 하겠소?”

한참 동안 말이 없던 사내는 조심스레 그에게 다시 말을 건넸다.

“형씨는 어쩌다 이리 됐수?”

한동안 정적이 흘렀다. 그는 자신이 잘나가던 외국계 금융회사의 간부였다는 것도, 어느 날 간부회의에 들어가니 구조조정 대상 리스트에 자신이 포함되어 있었다는 것도, 다음 날 홍콩 출장길에 오를 예정이었는데 갑작스레 날벼락을 맞았다는 것도, 갑자기 동료들의 눈빛이 달라졌으며 그들에게서 배신감과 인간관계의 허망함을 느꼈다는 것도 말할 수 없었다.

그는 차마 자신의 현실을 그대로 이야기할 용기가 나지 않았다. 그들에게 자기 이야기를 솔직하게 하고 나면 자신도 그들과 똑같은 무리가 될 것만 같아서였다.

더 이상 그들과 자리를 함께 하면 안 되겠다고 생각한 그는 황급히 자리를 털고 일어나 칼바위 봉우리로 움직였다.

사람들이 뜸한 곳을 찾아 자리를 잡고 앉아 그저 해가 떨어지기를 기다렸다. 사람들 눈에 띄고 싶지 않다는 생각밖에는 없었다.

'세상에…. 내가 어둠 없이는 한 발짝도 내딛을 수 없다니…. 이건, 내가 아냐.'

뉘엿뉘엿 지는 해를 보고 자리에서 일어난 그는 조심스레 집으로 발걸음을 옮겼다.

아파트 입구에서 경비원 김 씨가 그를 반갑게 맞았다.

"어디 다녀오시나 봐요. 낮에 사모님도 안 계셨나보더라고요. 여기 우편물이요."

김 씨가 건네준 우편물에는 법원 소인이 낙인처럼 찍혀

아버지의 웃음

있었다. 그것을 보는 순간 심상치 않은 예감이 들었다.

'귀하에게 그동안 여러 번 계고장을 보냈으나 응답이 없어 법에 따라 이달 말에 귀하가 소유하고 있는 아파트를 경매 처분 합니다. 이의가 있으면 출두하여 소명자료를 제출하십시오.'

조심스레 우편물을 뜯어본 그는 오히려 담담했다. 이미 예상하고 있었기 때문이었으리라.

3년 전 배짱 좋게 50평대 아파트로 옮기던 때가 생각났다. 2억 원 정도 대출을 받긴 했어도 분명히 다른 동기들보다 빠르게 재테크에 성공한 것이었고 주위의 부러움을 한 몸에 받았었다.

"어이! 김 차장, 집 넓혔다며! 능력도 좋아. 축하해!"

"어머, 차장님 사모님은 알뜰하신가 봐요. 나는 언제 그런 집에 이사해 보나."

그러던 것이 지금은 그에게 족쇄가 돼버렸다. 갑작스레 수입이 끊어진 상황에서 원금은커녕 이자조차 갚지 못한 채 몇 달이 지났다. 은행의 독촉 전화는 계속되었고 결국

40
1966 – 2006

최고장까지 날아들었다.

순간 아내의 얼굴이 떠올랐다.

‘뭐라고 말하지… 어떻게 하지.’

아내가 자신을 쳐다보는 시선이 차가워졌음을 느낀 지 오래였다. 하지만 아는 척했다가는 되돌릴 수 없을 것만 같아 짐짓 모른 척하고 있던 참이었다. 그런데 집까지 경매에 넘어가게 되었다고 말하면…. 그는 더 생각하고 싶지 않았다. 솔직히 될 대로 되라는 심정이었다.

다음 날 아침, 그는 아내에게 어떻게든 이야기를 꺼내야겠다고 생각하고 아내를 불렀다.

“여보, 신문 좀 가져다줘.”

아내는 답이 없었다.

“여보!”

설거지를 하던 중이었던지 아내는 한쪽 고무장갑을 벗어 들고는 방으로 들어왔다.

“왜요?”

“어, 나 신문 좀 가져다줘.”

그는 이야기를 꺼내려다 말고 다시 신문을 찾았다. 아내는 무엇에 홀린 사람처럼 멍하니 그를 바라보다 갑자기 소리쳤다.

"내가 당신 수족이에요! 당신, 대체 언제까지 그러고 있을 거예요? 애들 보기 창피하지도 않아요?"

갑작스런 아내의 반응에 그는 당황했다. 자신을 바라보는 눈빛이 냉랭해졌다고는 해도 단 한 번도 자신에게 서운한 소리를 하지 않은 아내였다.

"다… 당신 왜 그래?"

"내가 뭘요? 당신이란 사람, 이렇게 대책 없는 사람이었나요? 일할 때는 일 핑계로 가족들 생각은 하지도 않더니 이 상황에서도 당신은 당신 생각뿐이잖아요?"

"당신 왜 그래 정말? 당신마저 이러면 난 어떡하라고 그래. 여보, 우리 얘기 좀 하자."

아내는 그의 손을 내팽개치고 방으로 들어가 버렸다. 잠시 후 아내의 흐느끼는 소리가 들려왔다. 아내의 울음소리에 그는 마지막 보루가 무너져 내리는 듯 주체할 수 없는

아버지의 웃음

감정에 휩싸였다.

'이젠 끝이야.'

그는 아내의 울부짖는 하소연을 뒤로하며 집 밖으로 나섰다.

'뭐가 잘못된 거지. 어디서부터 어떻게 잘못된 걸까. 도대체 내가 어떻게 된 거야.'

아내의 울부짖는 소리와 존재에 대한 의문이 엉켜 머릿속은 혼란스러웠다. 그때 건너편 길가에 목욕탕이 보였다. 예전에는 할 일 없는 사람들이나 대낮에 목욕탕에 간다고 생각했었는데, 위로라도 받고 싶었던 것일까? 그냥 무작정 빨려 들어가듯 목욕탕 안으로 들어섰다. 편안한 모습으로 탕에 들어가 있는 사람, 한쪽에서 삶은 달걀을 까먹는 사람, 콧노래를 부르며 샤워를 하는 사람, 자신만 빼고 모두 아무런 걱정이 없어 보였다. 그는 타올 하나를 집어 들고 긴 한숨을 내쉬며 미끄러지듯 탕 속으로 들어갔다. 따뜻한 물이 온몸을 감싸자 다소 위안이 되었다.

'이대로 시간이 멈췄으면 좋겠다.'

그러나 평안함도 잠시 '도대체 내가 왜 여기 있는 거야!
난 열심히 산 죄밖에 없는데. 왜 하필 나냐고? 왜!'
　주체할 수 없는 분노가 밀려왔다. 자신도 모르게 눈물이
흘러내리면서 한마디가 터져 나왔다.
　"실직은 죄가 아니잖아. 왜 나를 자꾸 죄인처럼 만드는
거야. 왜!"
　간간이 창틈으로 스며드는 햇살이 자신을 더욱 초라하게
만드는 것만 같았다. 그는 목욕탕 한 구석에서 어둠이 깔리
기만을 기다렸다.

　아파트 문은 굳게 잠겨 있었다. 열쇠를 찾아 문을 여니
어둠에 쌓인 텅 빈 집이 흉물스런 괴물처럼 버티고 있었다.
갑자기 자신이 혼자라는 것이 실감됐다. 그렇게 아내가 집
을 나간 지 3개월, 아내마저 떠난 집안의 침묵은 마치 그를
조롱하는 듯 했다.
　심호흡을 한 번 하고 집안을 둘러보았다. 탁자 위에 놓여
있는 지구본이 눈에 들어왔다. 그것은 아내에게 받은 첫 번

아버지의 웃음

째 선물이었다. 결혼하기 전 직장에 들어갔을 때 애인이던 아내가 축하한다면서 사준 것이었다. 아내의 생생한 목소리가 들려오는 듯 했다.

"더 넓은 세상을 꿈꾸는 세계시민이 되세요. 여기 당신의 무대가 있어요. 사랑해요."

그것은 늘 그 자리에서 아내의 사랑과 함께 나침반처럼 그를 넓은 세상으로 안내하는 소중한 친구였다.

'하지만 ….'

지구본을 한참 동안 들여다보던 그는 갑자기 방바닥에 그것을 내팽개쳐 버렸다. 아내가 집을 나가던 날 자신을 향해 뱉어내던 차가운 말들이 생각났기 때문이었다.

"당신은 정말 무책임한 사람이에요. 자신밖에 생각할 줄 모르는 이기주의자예요. 자기 안에 빠져서 허우적거리는 우물 안 개구리 같다고요!"

정말이지 아내만은 자신을 이해해 줄 거라 생각했는데 그날 아내는 다시는 보지 않을 사람처럼 차갑고 냉정했다. 아내에 대한 서운함이 밀려오자 가슴에 통증이 느껴졌다.

아내가 떠난 이후로 줄곧 통증이 가시질 않고 있었다.

　이튿날 아침, 그는 날이 밝자마자 배낭을 꾸렸다. 아무도 없는 텅 빈 집에서 혼자 지내는 것도 이력이 났고, 어디 바람이라도 쐬고 와야겠다는 생각이었다. 목적지도 없이 정처 없이 길을 떠날 생각을 하니 조금 옹색하긴 했지만, 그래도 집에 혼자 있는 것보다는 나을 것이고, 여행이라도 다녀오면 아내가 돌아와 있을지도 모른다는 일말의 희망 같은 것도 있었다. 어쩌면 여행에서 무언가 새로운 길을 찾을 수 있을지도 모르지 않은가? 작은 기대에 그의 발걸음은 가벼웠다.

　터미널은 아침부터 사람들로 북적였다. 의기양양하게 터미널로 들어선 그는 매표소 앞에서 멈춰 섰다.

　'어디로 가지?'

　딱히 갈 곳이 없었다. 한참 동안 매표소 앞을 서성이던 그는 일단 대합실 한켠의 의자에 자리를 잡고 앉았다. 평일인데도 꽤 많은 사람들이 어디론가 떠나고, 어딘가에서 도

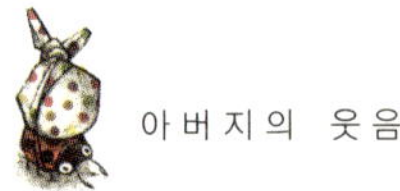

아버지의 웃음

착했다. 그들은 모두 자신의 목적지를 향해 발걸음을 재촉하고 있었다.

'목적지.'

그는 문득 자신이 지난 시절 목적지가 어디인지도 모른 채 앞만 보고 달려왔다는 생각이 들었다.

'그때나 지금이나 목적지가 없긴 마찬가지군.'

궁상스러운 마음이 들어 빨리 이곳을 떠야겠다고 생각했지만 딱히 떠오른 곳도 없었고, 자신을 반겨 줄 곳도 생각나지 않았다. 창구번호 아래에 적힌 행선지를 쭉 둘러보았다. 낯선 도시의 이름들, 그때 푯말 하나가 그의 시선을 잡았다.

'서산, 당진.'

고향이었다. 평생 땅을 일구며 살고 계시는 아버지가 계시는 고향.

문득 아버지의 얼굴을 떠올렸다. 만면에 웃음을 가득 안고 동네 대소사에 큰 어른 역할을 톡톡히 하시는 아버지. 농군의 아들로 태어나 평생 농사만 지은 아버지였지만 동

네 사람들은 아버지를 우러러 존경해 마지않았다. 마을 사
람들은 기쁜 일도, 슬픈 일도 아버지를 먼저 찾아와 상의하
곤 했다. 어린 시절 그런 아버지는 그의 자랑이었다. 얼마
나 어깨를 으쓱하게 만들어 주시던 아버지였던가.

　'아, 맞다. 아버지! 왜 아버지를 생각 못했지? 아버지에
게 다녀와야겠다. 어쩌면 아버지는 내게 도움을 주실지도
몰라.'

　그는 주저 없이 티켓을 끊어 차에 올랐다. 시원하게 뚫린
고속도로를 따라 달리는 차창 밖의 세상은 평화롭고 아름
다웠다.

세상이 네게만 모진 게 아니란다

　　　　　오랜만에 찾아온 고향 마을의 풍경은 익숙했
다. 익숙한 것이 주는 편안함, 어디에도 구속받지 않는 해
방감이 펼쳐졌다. 잠시 자신이 처한 상황쯤은 잊어버리고
이 순간을 만끽하고 싶다는 생각이 들었다. 마을 어귀의 당
산나무가 푸르른 잎새를 무성히 얹어 시원한 그늘을 만들
고 있었다. 그는 잠시 그곳에 앉아 심호흡을 하며 고향 들
녘의 정취를 만끽했다. 도시에서는 시끄럽기만 했던 매미
소리조차 정겨웠다.

그러나 그는 이내 현실로 돌아올 수밖에 없었다.

'아버지께는 뭐라고 말을 하지?'

머릿속이 깜깜했다. 막상 오긴 왔지만 아버지께 뭐라 이야기를 해야 할지 마땅한 말이 떠오르지 않았다. 자신이 아버지를 존경하고 자랑스러워했던 것처럼 항상 자신을 자랑스러워하시던 아버지였다. 그 아버지에게 실망을 안겨 주고 싶진 않았다. 한참 동안 고민을 해도 답이 생각나지 않았다. 그냥 돌아갈까 생각도 했지만 여기까지 왔는데 그래도 아버지 얼굴은 뵙고 가야겠다는 생각으로 떨어지지 않는 발걸음을 옮겼다.

아버지는 고추밭에 물을 주고 계셨다. 갑작스런 아들의 방문에 아버지는 함박웃음을 지어 보이며 반가워하셨다.

"아니, 연락도 없이 웬일이니?"

"그냥요. 아버지 뵈려고 왔지요."

"직장 일도 바쁠 텐데…. 여기까지 뭐하러 왔어?"

그는 아버지의 물음에 적당히 얼버무렸다. 아버지는 무

언가 이상한 느낌이 드셨는지 다시 물으셨다.

"혹시 무슨 일 있는 건 아니지?"

"일은요. 꼭 무슨 일이 있어야 오나요. 그냥 시간 나서 들렀어요."

"그래, 그렇지. 어서 안으로 들어가자."

아버지는 오랜만에 고향집에 내려온 아들의 얼굴을 자꾸만 쳐다보았다.

"올 줄 알았으면 장이라도 좀 봐 놓을 건데. 연락이라도 하지 그랬니. 목마르지? 이거 마시려무나."

아버지는 대청마루 한 구석에 놓여 있던 음료수를 건넸다. 그는 아버지가 건네는 미지근한 음료수를 한 모금 마시고는 말을 이었다.

"아버지, 요즘도 일 많이 하세요?"

"뭐, 일이랄 게 있니. 농사일이라는 게 손닿지 않으면 잡초만 무성하니 그저 소일 삼아 하는 거지. 이래 봬도 이 에비 아직 건강하다."

"그래도요. 아버지 연세를 생각하셔야지요. 건강도 그렇고요. 이제 좀 편하게 사세요.”

“편한 게 오히려 병이란다. 편하게 살겠다고 손놓고 있어 봐야 좋은 거 하나 없다. 이 동네 늙은이들 편하게 살아 보겠다고 자식한테 갔다가 얼마 못 버티고 다들 돌아오더라. 일 안 하고 놀면 며칠은 편하겠지. 그런데 그렇게 살면 무슨 재미가 있겠니. 에비는 그저 움직일 수 있는 게 고맙고 이렇게 사는 게 편하고 좋단다.”

그랬다. 평생 땅을 일구며 사신 아버지는 땀 흘려 일할 수 있는 게 늘 고맙고 감사하다고 하셨다. 일개미처럼 일만 하면서도 아버지는 늘 일할 수 있어서 행복하다고 했다. 그는 그런 아버지가 존경스럽다가도 이해가 되지 않았다. 어려운 일 앞에서도 흐트러짐 없이 묵묵히 당신 할 일만 하시던 아버지. 아버지는 그 흔한 꼼수도 쓸 줄 모르는 정직한 분이었다.

그는 해가 뉘엿거리는 저녁 하늘을 보며 대청마루에 걸터앉았다. 얼마 후, 부엌에서 들려오는 부스럭거리는 소리에 들어가 보니 아버지가 그새 저녁 준비를 해 밥상을 차

아버지의 웃음

리고 계셨다.

“제가 할게요.”

“다했다. 어여 앉아라. 반찬이 시원찮구나.”

상 가운데 강된장이 보글보글 끓고 있었다. 그는 소박한 밥상을 앞에 두고 아버지와 마주앉아 식사를 했다.

“참 신기해요.”

“뭐가 신기하단 말이냐?”

“시골집에 와서 된장찌개를 먹으면 이렇게 달고 맛있는 향이 나는데 서울에서는 이런 맛이 안나요.”

아버지는 빙그레 웃으시며 말했다.

“서울하고 시골 공기가 다르니까 그렇지 않겠니? 왜 똑같은 밥도 산에 올라서 먹으면 맛이 다르잖니. 된장은 더할 테지. 물, 햇빛, 공기, 다 중요할 게다.”

“그런가요. 하긴 요즈음 있는 사람들은 다 공기 좋은 시골에 전원주택 꾸미고 살지요.”

그는 조금 빈정거리며 말했다. 그의 말을 듣던 아버지는 그저 웃음을 지어 보이고는 그 앞으로 호박무침을 밀어 놓았다.

저녁을 먹은 후 두 부자는 모깃불을 피워 놓고 이런 저런 이야기를 나누었다. 농사 지어서 먹고 살기 어려운 농촌 현실이며, 정치 이야기, 경제 이야기까지. 하지만 그는 자신의 상황에 대해서는 차마 말을 꺼내지 못했다.

"늦었다. 들어가 자거라."

"네."

그는 바늘방석에 앉아있는 기분이었다. 방에 들어와 누웠지만 잠을 제대로 이룰 수 없었다.

뜬눈으로 밤을 새우다시피 한 그는 마당에서 들려오는 소리에 잠에서 깨었다. 아버지는 벌써 밭일을 나갈 채비를 하고 계셨다.

"벌써 일어났니? 고단할 텐데 더 자지."

"괜찮아요. 워낙 공기가 좋으니 몸이 개운한데요."

"그래, 시골 공기가 보약이지."

그들은 아침을 먹고 정자나무 밑에 앉아 먼 들판을 바라

보며 얘기를 나누었다.

"직장생활은 어떠니? 요샌 다들 힘들다고 하던데…. 며칠 전에 들었는데 윗마을에 살던 네 친구 천호는 사정이 딱하게 됐다더구나. 직장 그만두고 나와서 사업하다 그것마저 잘 안돼서 배 씨까지 빚더미에 나앉았다고 하더라. 살기가 이리 팍팍하니…. 천호도 안됐고, 배 씨도 참 안됐어. 늘그막에 좀 편하게 살겠다고 악착같이 벌어서 허튼 돈 안 쓰고 절약하며 살았는데 말이다."

남의 일이 아니었다. 그는 차마 아버지께 말도 못하고 그저 아버지의 이야기를 듣고만 있었다. 아버지는 아이들과 아내의 안부, 몇몇 친구들의 안부를 물으셨다.

"애들은 앓지 않고 학교 잘 다니지? 그저 식구들 건강이 최고다. 우환이 도둑이라는 말도 있잖니?"

아버지와 이런 저런 이야기를 하며 그는 왠지 모를 죄책감이 들었다. 아버지에게 거짓말을 하고 있다는 것이 부끄럽기까지 했다. 지난 6개월 동안 아버지를 속여 온 것만으로도 충분히 잘못한 것이라는 생각이 들었다.

　한참을 망설이던 그는 더 이상 자신의 처지를 숨기는 것은 아버지를 기만하는 것이라 생각하며 조심스레 입을 열었다.

　"아버지, 실은 저 직장에서 쫓겨났어요."

　아버지의 얼굴에 놀란 기색이 역력했다. 하지만 아버지는 소탈하게 웃으시며 그를 위로했다.

　"살다 보면 별일 다 겪는데 걱정 말거라. 오르막이 있으면 내리막이 있는 법이고, 또 내리막이 있으면 오르막이 있는 것 아니니. 상처 입은 나무가 단단한 법이다."

　아버지는 아무렇지도 않다는 듯이 밭일을 나가셨다. 아버지의 뒷모습을 바라보면서 아버지께 근심이나 안겨드린 게 아닐까 내심 걱정이 되었다. 하지만 아버지는 의연한 태도셨다. 많이 걱정하실 줄 알았는데 의외로 별일 아니라는 듯 태연하게 그를 대하셨다. 내심 걱정하시면서도 자식에게 약한 모습 보이기 싫으셔서 그러시는 건지도 모르겠다고 생각되었다.

　그렇지만 아버지의 그런 모습을 보면서 그는 직장을 잃

아버지의 웃음

고 헤매며 처지를 한탄한 자신의 모습이 조금 부끄러워졌
다. 어쩌면 아버지 말씀처럼 아무 일도 아닐지 모른다는 생
각도 들었고 안식처를 찾은 느낌마저 들었다.

한참 만에 아버지는 밭에서 콩 다발을 짊어지고 오서서
양지바른 곳에 나란히 늘어놓았다. 그는 지게에서 콩 다발
을 내리며 아버지를 도왔다. 아버지의 굽은 허리를 보며 그
는 조심스레 말을 건넸다.

"아버지 뵐 낯이 없어요. 이런 모습 보여드리고 싶지 않
았는데…."

"그게 뭐 대단한 일이냐. 뉴스 보니 너보다 더 젊은 사람
들도 쫓겨나더구나. 에비도 들어 안다. 38선인가 뭔가 넘기
가 그리도 힘들다면서. 너무 상심하지 말려무나. 그저 좋은
날 오지 않겠니."

아버지는 위로하듯 그의 손을 어루만지며 조용히 말
했다.

"너무 상처받지 말고 안팎으로 너부터 챙기려무나. 어쩌
면 이번 기회가 네 지난 인생을 돌아볼 수 있는 좋은 기회

아버지의 웃음

가 될 게다."

아버지는 실직보다는 그의 인생을 돌아보라고 하셨다.

"하지만 세상 참 무섭더라고요. 정말이지 제가 이렇게 될 줄은 몰랐어요."

그는 방어적인 태도를 취하며 아버지에게 말했다. 그런 그의 모습을 보며 아버지는 알겠다는 듯 고개를 끄덕이며 계속 말을 이었다.

"세상이 네게만 모진 거라고 생각하지 말아라. 다 그만한 이유가 있을 게다."

사실 그는 세상 모든 일이 자신에게만 모질다고 생각하고 있었다. 직장에서 쫓겨날 때만 해도 그랬다. 자기보다 능력도 떨어지고 나이도 많은 사람들을 두고 자신이 정리해고되었다. 직장에서의 실적이나 기여도 무엇 하나 떨어지는 것이 없었다. 최고의 아이디어 뱅크로 인정받으며 회사의 발전에 공헌했고, 어떤 일이건 회사가 원하는 것이라면 궂은일도 마다하지 않았다. 가족보다도 회사 일을 최우선으로 삼던 자신이었다. 오죽하면 동료들이 자신에게 '회사인간' 이라는 별명까지 붙여 주었을까. 하지만 아버지는 정말 자신의 속도 모르는 이야기만 하셨다.

"회사에서 쫓겨난 것도 남의 탓이 아니란다. 네가 운이 나빠서도 아니야. 무언가 분명한 이유가 있을 게야. 아니 땐 굴뚝에서 연기는 안 나는 법이란다."

그는 갑자기 울컥하는 심정을 주체할 수 없었다. 아버지마저 자신을 패배자로 몰아간다고 생각되었다.

"아버지, 어쩌면 그렇게 제 속도 모르는 말씀만 하셔요. 제가 뭘 그리 잘못했다고 그러세요. 저는 잘못한 게 없어요. 잘못한 게 있다면 회사를 위해서만 산 거라고요!"

아버지는 아무 말 없이 한참 동안 콩 다발을 나르며 썩은 콩 가지를 골라내셨다.

"아버지! 저는 지금 미칠 지경이라고요. 집사람도 집 나간 지 벌써 3개월이나 됐어요. 저는 갈 곳이 없어요. 그런데 왜 아버지까지 저를 이렇게 몰아세우세요! 저는 억울해요!"

그는 세상을 향한 분노를 토해 내듯 울분을 토했다.

아버지의 웃음

"저는 최선을 다했고, 열심히 살려고 뛴 죄밖에 없어요."

"그래, 안다. 그래도 세상 탓해서 달라지는 게 뭐 있니?"

아버지는 묵묵히 하시던 일만 계속할 뿐 더 이상 아무 말씀도 하지 않으셨다. 그는 아버지가 자신을 피하고 싶은 골칫덩어리로 생각하시는 게 아닌가 싶은 마음에 서러웠다. 하지만 그도 더 이상 할 말이 없었다.

아버지는 하던 일을 마치고 일어나시며 한마디 하셨다.

"이왕 온 거 며칠 쉬었다 가렴."

부자는 저녁상을 가운데 두고 마주 앉았다. 아버지는 몇 가지 나물 반찬을 그 앞으로 밀어 놓을 뿐 별 말씀이 없으셨다. 한참 만에 아버지가 이야기를 꺼냈다.

"옛날에 큰 도둑이 있었단다. 그가 늙어 더 이상 도둑질을 할 수 없게 되자 자식에게 그 비법을 알려 주기로 했지. 그는 자식에게 '네가 어느 집의 담을 넘었는데 그 집안에 현금, 보물 등 훔칠 것들이 널려 있다면 무엇부터 할 것이냐'라고 물었지. 당연히 자식은 현금부터 챙겨 넣어야 한다고 했다. 하지만 자식의 말을 들은 아버지는 아들에게 도둑이 될 자질이 없다고 말했단다. 왜 그랬을까? 우선은 도망칠 문부터 열어 놓아야 한다는 거였다. 비유가 틀린지는 모르겠지만 너무 욕심이 과하면 안 된다는 말 아니겠니? 한 치 앞을 보지 못하고 눈앞의 이익만 쫓다 보면 궁지에 몰리기 쉽다는 말이지."

아버지는 잠시 먼 산을 보시다가 다시 말을 이었다.

"애야, 너도 회사를 다니면서 도둑놈 심보를 가지고 있지 않았니?"

"네? 도둑놈 심보라니요?"

"네가 회사에서 열심히 했다고는 해도 그게 정말 회사를 위한 거였니? 네가 승진을 하고, 사장이 되고, 더 많은 돈을 벌기 위해서가 아니었냐는 말이다."

그는 한 대 얻어맞은 기분이었다. 도둑놈 심보, 어쩌면 정말 그랬는지도 모른다. 하지만 쉽게 인정할 수는 없었다.

"너만 그런 건 아닐 테지. 누구나 그런 욕심을 가지고 있는 게 당연한지도 모르니 말이다. 그래, 이제 어떻게 할 참

아버지의 웃음

이냐? 어디 다른 직장을 알아보고 있니?”

그는 아버지의 갑작스러운 질문에 잠시 머뭇거리다가 그동안 생각해 왔던 것을 말씀드리기로 마음먹었다.

“저, 사실은 아버지께 드릴 말씀이 있어요.”

“그래, 그게 뭐니?”

“아버지, 저 이 참에 사업이나 할까 해요.”

“사업?”

아버지는 또 아무런 말씀 없이 웃음만 지어 보이셨다.

“그래서 말인데요. 아버지, 창업자금 좀 빌려 주세요. 나중에 크게 갚을 게요. 오랫동안 생각해 봤는데요, 지금 할 수 있는 건 음식점밖에 없는 것 같아요. 이 나이에 어디 회사에 다시 들어갈 것도 아니고 메뉴를 몇 가지 개발해서 음식점이나 하나 내면 먹고사는 데는 문제가 없을 것 같아요.”

회사에서 쫓겨난 뒤 계속 생각해 온 일이었다. 하지만 모아 놓은 돈도 없고, 대출받을 재간도 없었기에 자포자기한 심정으로 시간만 보내고 있었다. 그런데 이왕지사 말을 꺼냈으니 아버지에게 도움을 받고 싶었다. 하지만 아버지는 그의 말을 가만히 듣고 있을 뿐 별 말씀이 없으셨다.

그가 계속해서 말을 이었다.

"더 이상 실직자라는 딱지를 달고 여기 저기 기웃거리는 짓도 하고 싶지 않고, 제 가치를 알아주지 않는 회사에 굽실거리고 싶은 마음도 없고요. 게다가 어딜 가나 제가 무슨 죄인이라도 되는 것처럼 수군거리는 소리도 듣기 싫어요. 그저 제 사업이 가장 마음 편한 일 아니겠어요. 집 옮길 때 대출받은 것 때문에 더 이상 대출받기가 어려워요. 그러니 아버지, 투자하시는 셈 치고 저 좀 도와주세요."

그는 절박한 심정으로 아버지에게 말을 했다. 하지만 아버지는 별 반응이 없었다.

한참 만에 아버지가 말문을 열었다.

"얘야, 사업은 잠시 덮어 두는 게 좋겠구나. 네게 빌려 줄 돈도 없지만, 설령 돈이 있다고 해도 나는 네게 돈을 빌려 주지 못하겠다."

"네?"

아버지의 웃음

그는 냉랭한 아버지의 태도에 잠시 당혹했다.

"아버지, 그건 무슨 말씀이세요? 돈이 있어도 못 빌려 주신다고요?"

"그래, 에비 보기에는 네가 사업을 한다고 해도 성공하지 못할 거 같구나. 오히려 더 큰 손해만 입을 게 불 보듯 해."

아버지의 어조는 조용했지만 단호했다.

순간 그는 직장에서 자신을 내몰던 상사의 눈빛이 떠올랐다. 겉으로는 위로하고 있었지만 그의 눈빛은 자신을 비웃고 경멸하고 있었다. 그토록 모질고 차가운 눈초리를 아버지에게서 다시 만날 거라고는 생각지 못했다. 서러움이 목을 타고 넘었다.

그는 한탄하듯 다시 말을 이었다.

"그렇다고 굶어 죽을 수는 없잖아요. 뭐라도 해봐야 하는 거 아닌가요? 아직 시작도 하지 않았는데 아버지는 왜 무조건 안 된다고만 하세요? 저라고 이런 결정하기가 쉬웠을 것 같으세요. 얼마나 힘들게 생각하고 말씀드리는 건데요."

두 사람 사이에 다시 어색한 침묵이 흘렀다. 한참 만에 아버지가 자리를 털고 일어났다.

"밤이 늦었구나. 그만 들어가 자거라."

더 이상 무엇을 부탁할 수 없음을 그는 알아차렸다. 그는 아버지에 대한 야속한 마음으로 잠자리에 들었다.

아버지는 아들 방에 불이 꺼지는 것을 보고는 앉은뱅이 책상 앞에 앉았다.

아들아,

　얘야, 이 에비가 참으로 모질고 매정하다고 생각하겠구나.
　에비가 가진 게 많아서 이럴 때 네가 원하는 대로 무엇이든 원하는 걸 다 줄 수 있다면 얼마나 좋겠니? 하지만 에비에게 그럴 만한 능력이 없구나.

　그저, 세상을 좀 더 산 에비가 네게 줄 수 있는 건 네 인생은 네게서 시작된다는 가장 단순한 진리밖에 없다.

　에비는 네게서 희망을 본단다.
　얘야, 너는 못나지 않았어.
　기억하니? 네가 대학에 입학했을 때, 그리고 네가 서울의 큰 회사에 취직했을 때 온 동네 사람들이 이 에비에게 축하 인사하기에 바빴지. 에비는 세상을 다 얻은 것처럼 기뻤단다. 너는 내게 그런 아들이다.

　지금은 좀 힘들겠지. 하지만 목마르다고 해서 아무 땅이나 파면 샘이 솟는 것은 아니란다. 어차피 이렇게 된 거 시간을 가지고 너에 대해 돌아보렴. 영업사원이 물건을 팔듯 네 스스로를 팔 수 있을 만큼 자신을 알아야 한단다. 지금 네 스스로를 팔지 못한다면 너는 세상 어디에 나가서도 성공하지 못할 게야.

네 할아버지는 동네에서 손꼽히는 목수셨지. 예전에 네 할아버지께서 늘 말씀하시던 게 있단다.

"훌륭한 목수는 톱질을 잘하는 자가 아니고 톱날을 가는 자다."

그러시면서 실력없는 목수는 늘 연장만 나무란다고 하셨다.

애야, 너는 지금 톱질하는 일에만 정신이 팔려 정작 중요한 것을 보지 못하고 있구나. 그 중요한 것을 네가 찾아가길 이 에비는 진심으로 바란다. 그것을 네가 빨리 찾으면 너의 시름은 사라질 게야.

농사꾼에게는 5월의 가뭄은 돈으로 살 수 없다는 말이 있단다. 비만 내리는 게 농사에 꼭 도움이 되는 것은 아니거든.

　　지난해는 유난히도 비가 많이 내리더니 고추대가 하늘 높은 줄 모르고 솟았었다. 그런데 태풍 한번 지나고 나니 남은 게 없더구나. 오히려 적당히 가문 땅에서 자란 키 작은 줄기의 고추가 태풍에는 더 강하단다.

　　지금의 시련은 너를 단련시키는 시간이 될 거야. 아들아, 이 시련의 시간이 네게 5월의 가뭄같은 기회가 되어야 한다. 에비는 너를 믿는다.

2장

삶의 참된 모습을 보아라

비워야 채울 수 있다

다음날 아침 두 사람은 서너 시간 동안 뙤약볕을 맞으며 밭의 잡초를 뽑고 거름을 주었다. 전날의 서운함이 남아 있었던 그는 그저 묵묵히 일만 했다.

한참 만에 허리를 편 아버지가 그를 보며 나직하게 말했다.

"흙이라는 것은 거짓이 없다. 뿌린 대로만 답을 하거든. 사람들이 흙 냄새를 잃어버리면서 세상도 같이 각박해져가는 것 같구나. 옛말에 흙을 멀리하면 마음까지 병든다고 하지 않더냐."

아버지의 말에 그는 샐쭉하게 대답했다.

"아버지는 평생 동안 흙을 만지며 살아오셨는데 지겹지도 않으세요?"

"농사꾼이 흙이 지겨우면 어떻게 하겠니. 흙에서 와서 흙으로 돌아간다고들 하지 않니. 세상의 모든 것은 흙에서 시작된단다. 흙은 엄마처럼 키우고, 먹이고, 재워 주지. 흙은 그만큼 위대한 거란다."

그는 문득 아버지의 얼굴을 쳐다보았다. 아버지는 주름살 가득한 얼굴로 누구보다 선한 웃음을 짓고 계셨다. 아버지의 모습에서 그는 왠지 모를 편안함이 느껴졌다. 그러고 나서 생각해 보니 자신은 고등학교 때부터 외지에 나가 학교를 다니면서 이런 저런 핑계로 아버지와 깊은 대화를 나누지 못하고 살았다는 반성이 들었다. 잠시 생각에 잠겨 있는데 아버지가 그를 불렀다.

"애야, 무료하거든 뒤란에 있는 장작 좀 패 주겠니?"

"이제 보일러 좀 놓지 왜 이리 불을 때세요."

아버지의 웃음

아버지는 그의 걱정 섞인 푸념에 활짝 웃으며 대답했다.

"딱히 불편한 것도 없고, 아궁이 하나 정도는 남겨 둬야 고향집 정취도 느낄 수 있잖니. 네 아이들도 방학 때 내려오면 서로들 아궁이에 불 지펴 보겠다고 나서는 걸."

물으나 마나한 질문이었다. 아버지는 언제나 그렇게 어떤 일이건 감사하다고 말하는 사람이었다.

그는 있는 힘을 다해 장작을 팼다. 손에 진물이 나고 허리를 들지 못할 정도로 기진맥진할 때까지 도끼를 내리쳤다.

아버지는 산더미처럼 어수선하게 쌓여 있는 장작을 처마 밑에 차곡차곡 쌓기 시작했다. 쌓여 있는 장작 더미를 보면서 그는 왠지 모를 성취감과 상쾌함을 느꼈다.

"힘들지?"

"힘들긴요. 할 만해요."

"가끔 이렇게 장작을 패면 기분이 꽤 좋아져. 시름도 날리고, 화나는 일이 있으면 그것도 날려버리고, 그렇게 땀 흘리다 보면 제법 부자가 된 것 같은 기분도 들지."

두 부자는 처마 밑에 쌓인 장작 더미를 보며 너털웃음을 지었다. 아버지는 그에게 시원한 물 한 사발을 건네며 말을 이었다.

"농사꾼에게 가장 중요한 게 뭔지 아니?"

"흙이나 날씨 아닌가요?"

"그래, 그렇지. 하지만 그건 내가 좌지우지할 수 있는 게 아니지. 날씨야 하늘이 정해 주시는 거잖니."

"당연하죠."

"하지만 마음가짐은 그야말로 내가 마음먹기 나름이거든. 그래서 난 사람 마음이 제일 중요하다고 생각한단다."

"네?"

"태풍이 온다고 지레 겁부터 집어먹으면 정말 모든 걸 다 태풍에 빼앗기고 말아. 가뭄이 든다고 걱정하면 또 그렇고 말이야. 하지만 태풍 온다고 하면 고춧대를 세우고, 물길을 내놓을 생각을 하고, 가뭄이 든다고 하면 저수지에서 물을 대야지 마음먹으면 나는 별로 무서울 게 없거든."

그는 아버지의 지혜에 잠시 숙연해졌다. 세상을 향한 독기로 오기만 부리던 자신이 부끄러웠다. 아버지가 말을 이었다.

“누구나 사람들 마음 안에는 긍정과 부정이라는 두 마리의 토끼가 살고 있지. 그 두 녀석들은 언제나 사람을 괴롭혀. 아주 모질게 말이야.”

“괴롭히다니요?”

“서로가 사랑을 받으려고 싸우고 난리법석이거든. 그런데 그 두 녀석이 싸우면 누가 이길 것 같으냐?”

“글쎄요. 그건 아무도 알 수 없는 거 아닌가요?”

“음, 대학까지 나온 녀석이 이렇게 쉬운 걸 모르니? 당연히 네가 먹이를 많이 주는 녀석이 이기지!”

아버지는 이렇게 이야기하고는 어린 아이처럼 천진난만하게 웃으셨다. 그는 심란한 자신을 두고 아버지가 참으로 실없는 농담을 하신다고 생각했다. 아버지는 무엇이 그렇게 재미있는지 여전히 그를 바라보며 껄껄 웃고 계셨다. 한참 웃으시던 아버지가 그에게 다시 말을 건넸다.

“소경은 밤이 오기만을 기다린다고 하지 않더냐. 언제까지 소경처럼 어둠 속에서 안주할 거니? 좀 힘들긴 하겠지만 어서 훌훌 털어 버려야 하지 않겠니?”

그는 잠시 주춤하다가 쏟아내듯 자신의 서러운 심정을 토로하기 시작했다.

“하지만 아버지, 저는 잘못이 없어요. 저를 몰아내고 제 자리 차지한 놈들 어디 한번 두고 볼 겁니다. 언젠가는 그들의 눈에서도 피눈물 나는 걸 꼭 지켜볼 겁니다. 열심히 일한 사람은 제쳐두고, 그저 학연이다 지연이다 줄 서기에나 바쁘고 요행이나 바라면서 아첨하는 놈들이 버젓이 활개치고 다니는 거, 저는 도저히 용서 못합니다.”

“아범아, 그런 독기가 네게 무슨 소용이 있니? 그런 독기가 토끼 한 마리를 토실토실하게 살찌우는구나. 결국 네 살 갉아먹는 것인 줄도 모르고 말이다.”

잠시 고개를 갸웃거리던 그는 그제서야 아버지가 하고자 하는 말이 어떤 의미인지를 알아차렸다.

‘결국 나한테 달려 있다는 말씀이구나.’

아버지는 늘 부정적으로 생각하고, 부정적으로 살아온 자신을 돌아보라고 말씀하고 계신 거였다. 소박하게 여유를 잃지 않고 살아오신 아버지였다. 그는 문득 부끄러움을 느꼈다. 하지만 그렇다고 해도 쉽게 분이 풀리진 않았다. 아버지가 다시 말을 이었다.

"에비가 잘은 모른다만 노자는 제자들에게 늘 '적절히 못사는 법을 배워야 한다' 라고 했다더구나."

"못사는 법이라고요?"

"그래, 못사는 법. 이 에비가 보기엔 지금 네게 꼭 필요한 말 같구나."

"무슨 말씀이세요?"

그는 아버지의 말이 쉽게 이해되지 않았다. 자신에게 지금 필요한 것이 '못사는 법' 이라니 대체 못사는 법이란 무엇을 말하는 것일까?

그때 아버지가 그를 다시 불렀다. 아버지는 대접 한 가득 칡즙을 따라 권했다. 그는 진한 향이 감도는 칡즙 한 잔을 시원하게 들이키고 조금 더 청했다. 아버지는 보약이 따로 없다며 칡즙을 따랐다. 그런데 웬일인지 대접이 차고 넘치는데도 아버지는 따르는 것을 멈추지 않으셨다.

"아버지! 그만 따르세요. 넘치잖아요."

그래도 아버지는 칡즙 따르는 것을 멈추지 않았다.

"아깝게 왜 이리 자꾸만 따르시는 거예요? 벌써 넘쳐흐른단 말이에요."

무슨 생각이신지 아버지는 그에게 말없이 웃어 보이고는 그저 흘러넘친 칡즙을 닦으셨다. 아버지의 이해 못할 행동을 바라보던 그의 머릿속에 문득 스쳐드는 생각이 있었다.

"아버지, 혹시 일부러 넘치도록 칡즙을 따르신 건가요?"

"무슨 말이니?"

"무엇인가를 채우려면 비워야 한다."

그의 대답을 들은 아버지는 껄껄껄 웃으셨다. 한참을 웃으시던 아버지는 어린 시절 이야기를 꺼내셨다.

"나 어릴 적에 개를 무척 무서워하는 친구

아버지의 웃음

가 있었지. 그런데 이상하게 그 친구가 읍내 장에 갈 때마다 박 씨 아저씨네 검둥이가 길목을 지키고 있다가 쫓아오는 거야. 그 친구는 그럴 때마다 삼십육계 줄행랑을 치느라 정신이 없었지.”

“그렇게 개를 무서워했나요?”

“그래, 그런데 어느 날 나와 다른 친구들과 함께 길을 가다가 그 검둥이와 마주쳤지 뭐니. 그 순간부터 그 친구는 죽을 힘을 다해 뛰기 시작했어. 신기하게도 검둥이는 가만히 서 있는 우리에게는 다가오지 않고 그 친구만 쫓는 거야. 그 친구는 소리소리 지르며 논둑을 지나고 뽕나무밭을 가로지르고, 한 10여 분은 도망다녔을 걸. 녀석이 지쳐서 더 이상 도망도 못 가고 주저앉아 있었는데 그 녀석 앞에 검둥이가 떡하니 버티고 서서 계속 짖는 거야. 친구 녀석은 더 이상 어찌할 수 없다고 판단했는지 갑자기 검둥이를 향해 이렇게 말하는 거야.”

“어떻게요?”

“잘못했어요.”

"하하."

부자는 함께 활짝 웃었다. 아버지가 말을 이었다.

"그런데 말이야. 검둥이가 갑자기 꼬리를 흔들며 그 녀석의 얼굴을 핥는 게 아니겠니. 검둥이는 그 친구를 물려고 덤빈 게 아니라 같이 노는 줄 알고 꼬리치며 즐겁게 그 친구를 쫓아다녔던 게지. 내 친구 녀석이 검둥이에 대한 두려움을 버렸다면 그렇게 코미디를 하지 않아도 됐겠지."

"무슨 말씀인지 이해가 가요. 그런데 아버지, 제가 그 개란 말인가요?"

"왜, 개는 싫으냐? 하하."

아버지의 너털웃음에 그는 자신 안에 쌓여 있던 오기가 날아가는 듯한 느낌을 받았다.

'버려야 한다.'

'못사는 법을 배워야 한다.'

저녁식사 후 부자는 대청마루에 마주앉았다. 그들은 오랜만에 보름달을 벗 삼아 이야기를 나누었다. 참으로 오랜만에 방황하다 집에 들어온 느낌이었다. 보름달 아래 고향의 품은 따뜻하고 포근했다. 편안한 마음은 그를 괴롭히고 멍들게 했던 분노를 몰아내 주었다.

아버지는 그 앞에 오디주 한 동이를 내놓으셨다. 뚜껑을 여니 선홍빛깔의 오디주가 진한 향기를 풍겨 내었다. 자기도 모르는 사이에 군침이 돌았다. 아버지가 직접 담으신 오디주를 마시며 그는 아버지와 이런 저런 속 깊은 이야기를 나누었다.

"아버지, 저기 보름달 좀 보세요. 서울에서는 저렇게 예쁜 달을 볼 수가 없어요. 저쪽에는 별도 빛나네요. 그런데 그거 아세요? 도시 아이들은 달이 빌딩에 걸려 있다고 믿어요."

"그래. 어쩌면 당연한 일인지도 모르지. 나도 전에 산골 여관집 주인은 달이 추녀 밑에 걸려 있다고 믿는다는 이야기를 들은 적이 있어. 그게 다 환경에 매여 있다는 이야기 아니겠니. 믿는 대로 보게 되는 거고."

부자는 하늘 가운데 걸린 휘영청 둥근 보름달을 보며 술

잔을 기울였다. 그는 아버지의 마음을 느끼며 잠시나마 자신을 둘러싸고 있는 분노와 미움으로 가득 찬 생각을 떨쳐 버릴 수 있었다.

그때, 아버지가 일어나 벽장에서 백지 한 장을 꺼내 그에게 내밀었다.

"자, 여기에다 네가 버려야 한다고 생각되는 것들을 모두 적어 보렴. 지금 너를 괴롭히고 있는 것을 모두 기억해 보렴."

그는 불신, 시기, 부정, 자존심, 지나친 경쟁심, 허망한 꿈, 사소한 일에 흥분하는 것, 남과 비교하는 것, 옛 동료들에 대한 분노 등 자신을 괴롭히던 잡다한 감정에서부터 라이벌 관계라는 이유로 그가 미워했던 동료들의 이름까지 빽빽이 적어 내려갔다. 한참 동안 적고 나니 무려 50여 가지 항목이 더 되었다.

아버지는 종이를 한번 쭉 훑어보더니 그에게 그것을 아궁이에 넣고 모두 태우라고 권했다. 그는 아버지가 시키는 대로 종이를 불길 속으로 밀어 넣었다.

활활 타오르는 종이를 보며 자신을 괴롭히던 묵은 찌꺼기들이 날아가는 듯한 기분을 느꼈다.

아버지가 나직하게 그에게 말했다.

"이제, 그런 것들은 내 안에서 다 떨쳐 버려라. 하지만 정말 네가 버려야 할 것은 아직 못 버린 거 같구나. 에비는 네가 그것을 어서 찾아 털어 버리고 또 네게 정말 필요한 것을 찾았으면 좋겠다."

"그게 뭔데요?"

"글쎄다. 그건 네가 가장 잘 알고 있을 테지."

그는 아무리 생각해 봐도 그것이 무엇인지 알 수 없었다.

'버려할 것과 찾아야 할 것, 대체 그것이 무엇이지?'

그는 골똘히 생각에 잠긴 채 아버지의 얼굴을 바라보았다. 취기가 올라서였을까, 그는 순간 뭉클해짐을 느꼈다. 언제나 그대로이실 것만 같았던 아버지가 어느덧 팔십 노인의 모습이셨다. 효도라고는 제대로 해본 적도 없는데 마흔이란 나이에 인생에 패배한 모습으로 아버지 앞에 앉아 있는 자신이 얼마나 큰 불효를 저지르고 있는가를 생각하

아버지의 웃음

니 울컥하는 심정을 가눌 길이 없었다. 그는 애써 태연한 척하며 자리를 피했다.

"아버지, 이제 그만 주무세요."

"그래, 이것도 술이라고 제법 취기가 오르는구나."

아버지도 그의 마음을 아셨는지 아무 말 없이 자리를 털고 일어나셨다.

아들아,

　하루 24시간 중 가장 춥고 어두운 시간이 언제인지 아느냐?

　그것은 바로 동이 트기 직전이란다.

　그러니 걱정하지 말렴. 이제 곧 아침 해가 떠올라 너를 밝게 비춰 줄 게다.

　이제 너 자신을 향한 분노, 미움, 그리고 연민 그 모든 것을 버려라.

　그리고 네가 진정 버려야 할 것, 그것은 바로 너 자신이란다. 너를 버리면 귀한 것들이 네게 찾아올 게다.

　얘야, 너는 가난한 게 아니다.

　실력이 부족한 것도 아니야. 그리고 네가 말한 것처럼 세상은 그리 살벌한 곳이 아니란다. 찾아야 할 것을 찾으면 될 뿐이란다.

　네가 찾아야 할 그것, 그건 아주 귀한 것이지. 그런데 분명히 네 안에 있단다. 그것은 다른 사람이 줄 수 있는 것도 아니고, 또 네가 빼앗길 것도 아니야.

네가 태어난 그 순간부터 너와 함께 한 것이거든.
네가 이것을 되찾는다면 너는 처음부터 다시 시작할
수 있을 게다.

아들아, 힘을 내거라.

현명한 사람은 마음의 가르침을 따른다

전날 술이 과했던지 그는 아버지가 깨우는 소리에 눈을 떴다. 시계는 7시를 가리키고 있었다.

"얘야, 일어나거라. 해가 벌써 중천이구나."

"벌써 일어나셨어요?"

"벌써는, 한참 들일 할 시간이구나. 나가서 동네 한 바퀴 돌고 오렴. 시골 공기가 보약이란다."

그는 아버지가 권하는 대로 동네를 한 바퀴 돌았다. 고향에 내려와도 매번 아버지께 인사드리고 급하게 빠져나

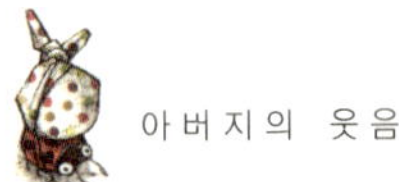

아버지의 웃음

가서 동네를 돌아본 건 참으로 오랜만이었다. 고향 마을은 작은 다리가 놓인 것을 제외하면 그가 그곳에서 자랄 때와 별반 달라진 것이 없었다. 밤나무 집 울타리는 여전히 아름드리 밤나무가 대신하고 있었고, 친구 영수네 외양간도 문밖에 그대로 있었다. 한참 동안 추억을 되새김질하며 그는 알싸한 아침공기를 만끽했다. 가슴까지 시원해지고 머리가 맑아졌다.

아침상을 무른 아버지는 밀짚모자를 하나 꺼내 그에게 내밀며 다녀올 곳이 있다고 했다.

"어디를요?"

"운산에 있는 고란사 계곡 있지?"

고란사 계곡, 어린 시절 형들과 물놀이를 하며 고기를 잡아 구워 먹곤 하던 곳이었다.

"네, 어려서 형님들하고 자주 갔었지요."

"그래, 거기에 좀 다녀오려무나. 간 김에 마애삼존불상까지 다녀오렴."

“네? 왜요?”

“그냥 좀 다녀오렴. 다녀오면 알게 될 거야.”

무조건 다녀오라는 아버지의 말씀을 따라 그는 마애삼
존 불상이 있는 산으로 향했다. 깊은 계곡 사이로 맑은 시
냇물이 거침없이 흐르고 있었다. 어찌나 맑고 투명한지 잠
시나마 시름을 잊을 수 있었다. 그런데 산을 오를수록 그
는 왜 아버지가 그곳에 다녀오라고 하셨는지 도통 알 수가
없었다.

‘여기를 왜 다녀오라고 하신 거지. 다녀오면 알게 된다
니…. 뭐 중요한 게 있는 걸까?’

그는 의문을 풀 열쇠를 찾기 위해 비지땀을 흘리며 산비
탈을 올랐다. 고란사 계곡에서 20여 분을 오르니 서산마애
삼존불상이 온화한 미소로 그를 맞았다. 그 미소를 보니 왠
지 모를 편안함이 느껴졌다.

그는 잠시 바위에 걸터앉아 간간이 등산객들, 관광객들
이 올라와 저마다 감탄사를 내뱉는 모습을 지켜보았다. 산
등성이로 불어오는 바람이 시원했다. 하지만 왜 아버지가

아버지의 웃음

이곳에 다녀오라고 하셨는지는 도무지 알 수가 없었다. 그는 한동안 삼존불상을 조용히 바라보다 온화한 미소를 마음에 품고 발걸음을 옮겼다.

부지런히 움직였더니 점심 때를 맞춰 고향집에 도착할 수 있었다. 마을 어귀 밭에서 고추를 따시던 아버지가 그를 환한 미소로 반겨 주셨다.

"금새 다녀왔구나. 오랜만에 걸으니 기분이 좀 어떠니?"

"네. 상쾌하고 좋네요. 오랜만에 편안한 기분도 들었고요."

"그랬구나. 사람들은 많지 않더냐? 요즘 그 계곡 물이 깨끗하다고 소문이 나서 외지인들이 많이 드나든다고 하던데 말이다."

"네, 평일인대도 등산객도 좀 있고 단체 관광을 온 사람들도 있더라고요. 그런데 아버지…, 대체 거긴 왜 다녀오라고 하신 거예요?"

아버지는 그의 물음을 듣지 못한 것 마냥 아무 말 없이 하던 일을 계속하셨다. 그의 궁금증은 더욱 커져만 갔다.

'대체 왜 다녀오라고 하신 거지? 도대체 뭘 보고 오길 기대하신 걸까?'

궁금증을 이기지 못하고 그가 다시 한 번 물었다.

"아버지, 거기 뭐 특별한 거라도 있나요?"

여전히 아버지는 별 말씀이 없으셨다. 한참을 고추 따기에 열중하시던 아버지가 허리를 폈다.

"들어가 점심이나 먹자구나. 시장할 텐데."

그는 아버지가 딴 고추 포대를 등에 짊어지고 집으로 향했다. 영 개운하지가 않았다. 궁금증은 꼬리에 꼬리를 물었다. 하지만 아버지가 대답해 주지 않으니 그 역시 어쩔 도리가 없었다.

방금 따온 고추와 쌈장으로 차린 단촐한 밥상을 앞에 두고 아버지가 말문을 열었다.

"너희 8남매 클 때가 엊그제 같은데 참 세월이 빠르구나. 그때는 밥상이 작아서 밥 한 끼 먹으려면 참 복닥복닥했다. 고기라도 한 근 사는 날엔 국물이라도 많이 먹이고 싶은 마

아버지의 웃음

음에 가마솥에 물만 부어 불을 땐 적도 있었지. 지금 와서 얘기지만 그때 이 에비는 ‘너와 네 동생 둘만 태어나지 않았다면’ 하는 생각을 가진 적도 있었단다. 서운하겠지만 정말 그땐 그랬다. 그만큼 살기가 어려웠지.”

“아버지도 참, 이제서 그런 말씀은 왜 하세요?”

“하하, 그런가? 하긴 그땐 누구나 다 힘들어서 식구 하나 줄이는 게 일이었다. 그래서 네 큰 누이도 일찍 시집보냈지. 그런데 말이다. 지금 생각해 보면 그렇게 비좁게 살던 때가 그래도 좋았다. 지금은 다 뿔뿔이 흩어져 자기 살기 바쁘니 에비는 그저 그 시절이 그립구나.”

한동안 둘 사이에 아무 말이 없었다.

식사를 마치고 부자는 정자나무 그늘에 마주 앉아 멀리 익어가는 들판을 바라보며 이야기를 나누었다.

“애야, 머리에서 가장 멀리 있는 게 뭔지 아느냐?”

“그야, 발가락이죠.”

“그래, 겉으로 보이는 건 그렇겠지. 그런데 있잖니, 머리에서 가장 먼 건 마음이란다. 그렇다면 머리와 마음이 서로 대립하면 어떻게 될까? 두 녀석이 싸움이라도 나면 누가 이길 것 같으냐?"

"아버지도 참…. 오늘 정말 이상하세요. 왜 이리 알 수 없는 질문만 하신데요?"

"하하, 내가 그랬니?"

아버지는 빙그레 웃음을 지었다. 그러고는 건너 마을 방앗간에 볼일이 있으시다며 나가셨다.

그는 아버지가 이상하다고 생각되었다. 당최 알 수 없는 질문만 하시는 이유를 알 수가 없었다. 생각해 보니 고향집에 내려온 이후로 아버지는 이렇게 계속 뜬금없는 수수께끼 같은 질문을 하고 계셨다.

'대체 무슨 생각을 하고 계신 거지? 도대체 머리에서 가장 먼 것이 마음이란 말씀은 무엇이고, 또 머리와 마음이 싸우면 누가 이기냐니, 그건 무슨 말씀이실까?'

그는 깊은 고민에 빠졌다. 하지만 아버지의 의중을 알아차릴 수도, 수수께끼 같은 질문의 답을 찾을 수도 없었다.

아버지의 웃음

한참을 그 자리에 앉아 골똘히 생각하고 있는데 아버지가 돌아오셨다.

"아니, 아직도 예 앉아있는 게야?"

그는 아버지를 보고는 더 이상 궁금증을 참을 수 없어서 캐물었다.

"아버지, 도대체 아버지 말씀의 뜻을 모르겠어요. 머리랑 마음이 가장 멀다는 말씀은 무슨 뜻이죠? 모르겠어요. 그리고 아무리 생각해 봐도 누가 이기고 지는지도 알 수가 없네요."

"하하, 그게 그렇게 풀기 어려운 문제였더냐? 사람에게는 누구나 머리가 가리키는 방향으로 가려할 때가 있고, 마음이 가리키는 방향으로 가려할 때가 있단다. 그리고 대부분의 사람들은 혼자 있을 때는 마음의 가르침을 따르고, 밖에 나가서는 머리가 가르치는 대로 행동하지."

"네?"

"그런데 현명한 사람일수록 혼자 있을 때나 밖에 나가 여럿이 함께할 때나 마음의 가르침을 따른단다. 마음이 머리

를 이기는 게지. 에비가 오래 살아 보니 그렇게 마음으로 사는 사람이 성공하더구나. 그런데 말이다. 마음이 이기려면 굳게 걸어 잠근 마음의 문을 열 열쇠가 필요하단다.”

그는 무언가 둔탁한 둔기로 머리를 한 대 맞은 기분이 들었다.

‘현명한 사람일수록 마음의 가르침을 따른다고? 마음의 문을 여는 열쇠? 그건 또 뭐지?’

그는 갑자기 조바심이 났다. 그리고 그 열쇠를 찾으면 자신도 이 늪에서 빠져나올 수 있을 거라는 희망이 생겼다. 게다가 아버지는 뭔가 알고 계신 듯하니 아버지께 매달려 봐야겠다고 생각했다.

“아버지, 대체 그 열쇠라는 게 뭐예요?”

아버지는 그를 보며 빙그레 웃음을 지었다.

아버지는 잠시 생각에 잠기는 듯 하더니 그에게 따뜻한 목소리로 말했다.

“글쎄다. 그건 내가 가르쳐 줄 수 있는 게 아니란다. 네 스스로 찾아야 한단다. 그런데 애야, 100에서 1을 빼면 얼마나 되니?”

또다시 뜬금없는 아버지의 질문에 그는 잠시 주춤하다가 이내 “당연히 99죠”라고 말했다. 아버지는 당연한 대답이라는 듯 고개를 끄덕이셨다.

“그래, 숫자로 셈을 하면 그렇지. 그런데 인생에서는 이것을 빼면 아무것도 남지 않을 수도 있다. 에비 생각에는 그것이 네게 필요한 열쇠인 듯하구나.”

“네? 갈수록 어렵네요. 아버지, 혹시 자존심, 자신감 아니면 실력 이런 걸 말씀하시는 건가요?”

아버지는 이번에도 미소만 지을 뿐 별 말씀 없이 논두렁을 따라 걷기 시작하셨다. 그도 자리에서 일어나 아버지를 따라 걸었다.

한없이 펼쳐진 푸른 들녘을 바라보며 그는 계속 생각을 가다듬었다.

‘모든 걸 갖춰도 아버지가 말씀하신 그 열쇠가 없으면 빵점짜리 인생이 될 수도 있다고? 내게 필요한 그 열쇠가 뭘까? 자신감? 명예? 돈? 에이, 설마 돈은 아니겠지. 하지만

내 인생도 결국 돈 때문에 이 지경에 이른 거잖아. 혹시 정말 돈일까? 아, 대체 뭘까?'

쉽게 답이 찾아지지 않았다. 생각을 하면 할수록 점점 더 미궁 속으로 빠져드는 기분이었다.

그때 몇 발자국 앞서 가시던 아버지가 고개를 돌려 그에게 말했다.

"애야, 우리네 인생은 꼭 자루 같단다. 무엇을 담느냐에 따라 모양이 달라지는 자루 말이다. 욕심 많은 사람들은 자루에 이것저것 담아서 그럴듯한 모양을 갖추긴 하지만 너무 무거워서 쉽게 들고 가질 못하지. 그런 사람들은 결국 자루에 끌려 다니고 만단다. 또 어떤 사람들은 담아야 할 것들은 다 담고도 꼭 담아야 할 것 하나를 담지 못해서 자루 모양이 형편없어지거든. 자루가 자리를 잡고 서려면 아랫부분이 단단하게 모양이 갖춰져야 하잖니. 너는 그 기틀을 만들어 주는 것을 아직 네 자루에 담지 못한 것 같구나."

그는 문득 아버지를 바라보았다. 평소 마을의 큰 어른 역할을 다하시는 아버지의 기풍이 그대로 전해졌다. 아직 아

버지의 의중을 알아차릴 순 없었지만 그는 아버지가 자못

대단한 현인이라도 되는 양 자랑스러워졌다.

그는 어깨가 으쓱해져서 아버지와 나란히 길을 걸었다.

아들아,

　얘야, 에비가 네게 도움을 줄 수 있는 것이 많지 않구나.

　며칠째 고민하는 네 모습을 보며 이렇게라도 해야 한다는 생각이 들었단다.

　어렵지. 무척 어려울 게야. 그런 너를 보는 에비의 마음도 편치는 않구나.

　얘야, 네가 지금 이리 힘든 건 네게 무엇이 부족해서가 아닌 것 같구나.

　너에게 필요한 건 돈이 아니란다.

　지식이나 실력을 쌓아가는 것도 아니야.

　안정된 직장을 얻는 것도 아니란다.

　좋은 사람들을 만나고, 돈을 모으고, 안정을 찾는 것보다 더 중요한 것은 네가 잃어버리고 살고 있는 그것을 찾는 일이란다.

　　그것은 멀리 있지 않아. 네가 조금만 손을 내밀면
금세 잡을 수 있을 만큼 가까이에 있어.
　　이제나 저제나 네가 불러 주기만을 기다리고 있지.

　　애야, 네가 찾는 그 열쇠는 태어날 때부터 네가 가
지고 온 것이란다. 어렵게 고민하지 말렴. 고민하면
고민할수록 문제가 어려워질 때도 있단다.

　　문제도 답도 네 안에 있다는 걸 잊지 말아라.

작은 것에도 감사하며 살아라

그는 막 동이 터 오는 것을 보며 마을 뒷산을 올랐다. 전날 풀지 못한 수수께끼 때문에 잠을 설쳐서인지 몸이 무거웠다. 혹시 맑은 공기라도 마시면 정신이 번쩍 들어 아버지의 질문에 대한 답을 찾을 수 있지 않을까 하는 마음에서 나선 길이었다.

산을 오르면서 그는 아버지의 이야기를 곰곰이 되씹어 보았다. 아버지는 차분하게 이야기하셨지만 분명히 정곡을 찌르셨다는 생각이 들었다. 아버지는 자신에게 끊임없이 무언가를 생각하길 요구하셨다. 하지만 도무지 아버지의 진짜 의중이 무엇인지 알아차릴 수가 없었다.

'하시고 싶은 말씀이 무엇이었을까?'

산길을 내려오면서도 그는 여전히 답을 찾지 못했다. 그런데 신기하게도 질문의 답을 찾기 위해 고민하는 시간 동안 마음이 편안해짐을 느꼈다. 생각지도 못했던 일이었다. 무언가를 고민하면서 편안함을 느낀 것은 처음이었다.

아버지는 논에 나가실 참인지 고무장화를 꺼내 신고 계셨다. 무릎 위까지 올라온 고무장화에 밀짚모자, 왜소한 체격이셨지만 아버지는 영락없이 흙에 기대어 사는 농사꾼이셨다. 그도 밀짚모자를 하나 챙겨들고 아버지 뒤를 따랐다.

아버지는 비탈길에 자리 잡고 있는 천수답으로 올라가셨다. 규모도 작고, 경사진 논이라 트랙터나 콤바인을 쓸 수 없고 물 대기도 힘든 논이었다. 결국 모내기부터 추수까지 아버지가 모두 다해야 했기 때문에 보통 손이 많이 가는 것이 아니었다. 그래서 자식들은 아버지가 너무 고생스러우

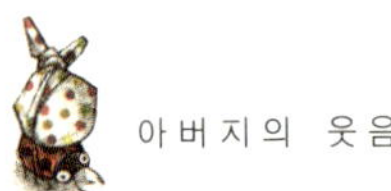
아버지의 웃음

니 이 논을 파는 것이 어떻겠냐고 여러 차례 권했었다. 하지만 아버지는 괜찮다시며 이 논을 고집스레 지켜 오셨다.

쓰러진 벼를 일으켜 세워 묶으며 아버지가 그에게 말했다.

"이 논이 얼마나 특별한 논인 줄 아니?"

"네?"

"너희들이 이 논을 팔라고 그리 말해도 내가 이 논을 팔지 못하는 이유가 있단다. 그건 내 손으로 처음 장만한 논이기 때문이야."

"네?"

처음 듣는 이야기였다. 아버지가 이 논에 대해 특별한 애정을 가지고 있다는 것은 알았지만 그런 사연이 있었는지는 전혀 모르고 있었다. 그제서야 그는 아버지의 마음이 조금 이해가 되었다.

아버지는 그에게 자랑이라도 하는 듯 손끝으로 논두렁을 쭉 훑으시더니 말을 이었다.

"네 어미와 솥단지 하나 가지고 분가해서 고생 끝에 장만

한 논이란다. 아무것도 없이 남의 집 소작일부터 시작했지. 그땐 참 어려웠단다. 하긴 모두들 먹고살기 힘들 때기도 했지. 여하튼 나는 내 땅을 가지게 될 것이라고는 꿈도 못 꿨어. 희망도 없고, 재미도 없고, 하루하루 정말 지옥 같았지. ‘나는 만날 이 모양 이 꼴로 살아야 하나’ 고민도 참 많이 했었다. 얼마나 고단하고 힘이 들던지. 지금 생각해도 그때만큼 힘든 적이 없다. 그런데 네 어미는 어땠는지 아니? 네 큰형을 들쳐 매고 남의 집 일을 다니면서도 뭐가 그리 좋은지 들에 가면 들노래를 부르고, 논에 가면 휘파람을 불면서 일을 하는 거야. 한날 내가 ‘자네는 힘들지도 않은가?’ 라고 물었지. 그런데 웬 걸, 네 어미가 뭐라고 했는지 아니?”

아버지는 잠시 숨을 고르고 말을 이었다.

“글쎄, ‘뭐가 힘들대요? 이 들에서는 내 새끼 밥이 나오고, 저 논에서는 내 새끼 옷이 나오는디요.’ 이러더구나. 그러면서 ‘지아버지, 노닥거리지 말고 일 좀 하소. 만날 한숨만 푹푹 쉬면 쌀이 나옵니까? 돈이 나옵니까? 흙은 거짓말 안 합니더. 그저 자기를 예뻐해 주고, 쓰다듬어 주고, 보듬

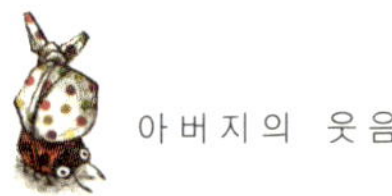

아버지의 웃음

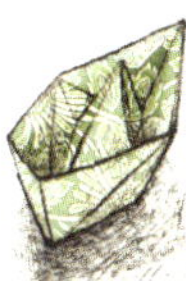

어 주면 지 걸 다 내놓습디다’ 라고 하더구나. 이 에비가 그때 얼마나 놀랐는지.”

아버지는 회상에 잠긴 듯 한동안 말씀이 없으셨다.

한참 만에 아버지가 다시 말을 이었다.

“결국, 내가 힘들었던 건 내 탓이었던 게야. 달리 보기 시작하니 흙이 얼마나 고맙고, 건강한 게 또 얼마나 고맙고, 일할 수 있으니 또 얼마나 고맙던지. 또 너희들 아무 탈 없이 잘 자라 주니 고마웠지. 그렇게 한푼 두푼 모아서 이 땅을 샀단다. 처음 이 논에 물 대기 전날, 어두운 밤에 네 어미랑 둘이 얼마나 좋아했는지 아니? 달밤에 논으로 나와 흙을 매만지며, 서로 부둥켜안고…. 지금도 눈에 선하구나. 이 논에서 처음 소출이 났을 때는 또 어땠는지. 네 어미랑 얼마 되지 않는 돈을 두고 무엇을 할지 이런저런 생각만 해도 얼마나 즐거운지 웃음이 끊이질 않았다. 쌀 팔아서 너희 8남매 새 옷도 사주고, 맛난 것도 먹이고…. 그래, 이 논이 너희를 키웠다.”

아버지는 말을 마치시고는 살짝 고개를 돌려 그에게 미

아버지의 웃음

소를 지어 보이셨다. 그는 순간 가슴이 뭉클해졌다. 자식
된 도리를 다하지 못하는 죄책감 때문이기도 했고, 아버지
가 살아오신 세월을 자신은 살 수 없을 것 같았기 때문이었
다. 그는 아버지께 조심스레 물었다.

"아버지, 그래도 모든 것이 고마우셨다는 것은 잘 이해가
되지 않아요. 사실, 세상은 정말 불공평하지 않은가요? 다
들 자기만 살려고 아등바등하는 것도 그렇고, 정말이지 세
상에 제 편은 없는 것 같을 때가 많아요."

그는 그렇게 말하다 문득 아내가 떠올랐다. 아내만은 내
편이라고 생각했는데 그런 아내마저 자신을 떠나버리던 순
간이 떠올라 괴로웠다.

그런 장면들이 떠오를 때마다 그는 한없이 초라해지는
자신의 모습 때문에 나락으로 떨어지는 기분이 들었다.

그는 안 좋은 기분을 떨쳐내야 한다고 생각하며 가볍게
도리질했다. 그러고는 마음을 다잡아 분위기를 돌리며 전
날 풀지 못한 수수께끼에 대해 이야기를 꺼냈다.

"아버지, 제가 아무리 곰곰이 생각을 해봐도 아버지가

말씀하신 그 열쇠가 뭔지 모르겠어요. 그냥 아버지께서 가르쳐 주시면 안 되나요? 그것만 찾으면 제 인생이 달라진다니 그걸 빨리 찾아야 하잖아요. 아버지가 도와주셔야지요."

"하하, 아직도 그 고민인 게야? 애야, 네 편이 되어 줄 사람도, 너를 도와줄 사람도 단 한 사람밖에 없단다."

"네? 그게 누군데요? 아버지, 속시원히 말씀 좀 해주세요."

아버지는 그를 바라보며 지그시 웃음 지으시고는 한마디 했다.

"애야, 그건 정말 누가 찾아 줄 수 없는 거란다. 그저 에비가 해줄 수 있는 말은, 네가 다시 일어서기 위해서는 네가 세상과 싸움을 멈춰야 한다는 것뿐이다. 뭐든 제 할 탓 아니겠니? 누구나 어려울 때가 있지만 그걸 좋은 기회로 만드느냐, 망하느냐는 결국 자기 몫이라고들 하잖니. 에비가 이 나이까지 살아 보니 그게 백 번 옳은 말이더라."

"아버지, 계속 말씀드리지만 정말이지 전 잘못이 없어요."

아버지의 웃음

그는 그렇게 말하면서도 왠지 가슴이 쩌릿했다. 찔리는 게 있는 것도 아니고, 정말 자신은 잘못이 없다고, 다 세상이 불공평해서 자기의 신세가 이렇게 됐다고 생각하면서도 왠지 모르게 민망했다.

그는 슬그머니 아버지의 얼굴을 쳐다보았다. 천사의 표정이 저러했을까. 아버지는 온화하면서도 평온한 웃음을 짓고 계셨다. 그는 다시 원점으로 돌아온 기분이었다. 처음부터 되돌아보며 해답을 찾아야겠다고 마음먹었다.

아들아,

　얘야, 너는 실패한 게 아니야. 다만 지금 내겐 변화가 필요할 뿐이다.
　무엇보다 오늘의 너를 만든 것이 바로 네 자신이라는 것을 알아야 한다. 그러니 스스로를 버려 온전한 네 자신을 찾아야 한다.

　얘야, 네가 직장 상사나 동료, 그리고 네 아내와 세상을 탓하며 분노하는 동안 네 안에서 움트던 희망의 싹들도 함께 잘려 나가게 된단다.

　그래, 지금 네 상황에서 마음을 다스리는 일이 쉽지는 않을 게다.
　세상 모두가 너와 등지고 있는 것 같고 네 편은 아무도 없는 것 같은 생각이 들 때의 두려움을 에비가 왜 모르겠니. 에비도 사람인데 그런 마음이 든 적이 왜 없겠니.

　그런데 말이다. 분노는 분노를 낳고, 미움은 미움을 낳는 법이다.

네 어미처럼 일하면서 노래할 수 있고, 작은 것에 감사할 수 있어야 한다. 그러면 네가 찾고 있는 그 열쇠는 저절로 내 손에 쥐어질 게다.

애야, 너무 조급해하지 말려무나.
그리고 절대 포기하지 마라. 천천히 마음을 다스리고, 마음으로 생각하는 지혜를 배우렴.

세상과 화해하렴. 그러면 내가 처한 현실이 달리 보이고 기회가 찾아올 게야.

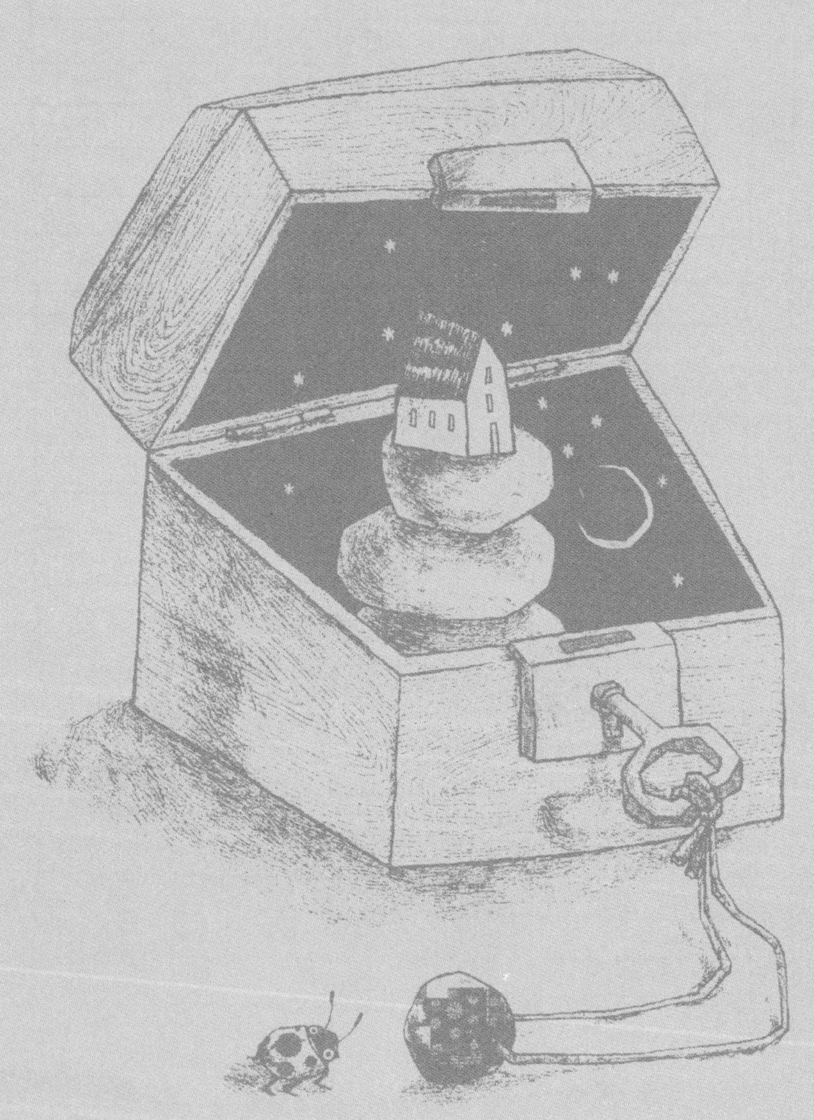

3장

아들에게 주는 삶의 지혜

성공해서 웃는 게 아니라
웃어서 성공한다

다음날 아침, 두 부자는 더덕을 캐기 위해서 괭이를 짊어지고 산에 올랐다. 아버지는 예전에도 틈만 나면 더덕을 캐러 다니셨다. 어린 시절, 아버지가 캐오신 더덕은 8남매의 특별식이었다. 어머니는 아버지가 캐오신 더덕을 잘 까서 방망이로 정성스레 두드려 구워 주시곤 했다. 그때 집안에 퍼지던 진한 더덕 향이란…, 그는 생각만으로도 군침이 돌았다. 물론 이젠 그렇게 맛있게 더덕을 먹는 자식들은 없지만 아버지는 여전히 소일 삼아 더덕을 캐러 다니셨고 덕분에 고향집에 오면 더덕주가 떨어지는 날이 없었다.

얼마 오르지 않아 부자는 야트막한 산 중턱에 다다랐다. 예전에는 여기까지 올라오려면 몇 시간은 걸렸는데 어린 시절 높아만 보이던 산이 어느 순간 작아진 것 같았다. 마치 발바닥 아래에 산이 놓여 있는 것 같은 느낌까지 들었다.

그때 아버지가 이마를 닦으며 그에게 말했다.

"얘야, 이리 와 봐라. 여기쯤에 더덕이 많을 것 같구나. 그런데 더덕은 사람이 오면 숨는 버릇이 있단다. 서두르면 잡초만 헤집다 돌아가게 된다. 그러니 잘 찾아보렴."

"아버지도 참, 제가 더덕을 어떻게 찾겠어요. 아버지처럼 몇 십 년 다니신 분들이나 찾을 수 있죠."

"하하, 벌써부터 포기하는 게냐? 그러지 말고 이리 와서 찾아보렴."

그는 아버지의 말에 기운을 얻어 풀숲을 헤치며 더덕을 찾아보았다. 하지만 도대체 뭐가 뭔지 구분도 안 되었다. 자포자기하는 심정으로 넋 놓고 있는데 아버지는 팔뚝만한 더덕을 열 뿌리 정도 캐들고 오셨다. 그는 맥이 빠져 심통을 부리듯 말했다.

"아버지, 아니 어떻게 그리 쉽게 찾으세요?"

"하하, 글쎄다."

아버지는 호탕하게 웃으시곤 그를 쳐다보며 다시 말을
이었다.

"그건 쉽게 캔 것이 아니라 집중한 게야."

"집중이라고요?"

"그래, 집중. 산에 있으니 그냥 산에 집중을 한 것이지.
논에서 일할 때는 논에 집중을 하고, 밭에서 일하면 밭에
집중하고, 친구를 만날 땐 친구에게 집중하고, 술자리에선
막걸리에 집중을 하는 게지."

"하하하, 아버지도 참, 막걸리요?"

두 부자는 마주보며 한참을 웃었다. 생각해 보니 자신은
정말 온갖 잡생각들로 머릿속이 가득 차 있었다. 몸은 산에
와 있으면서도 마음은 온 동네를 다 헤매고 있었다. 아버지
말처럼 몸과 마음이 따로국밥이니 맛이 날 수도, 원하는 걸
찾을 수도 없었던 것이었다.

아버지가 그에게 더덕 한 뿌리를 내밀었다. 낫으로 거칠게 깎은 더덕에서 향이 진하게 배어 나왔다. 어린 시절 아버지가 산에 다녀오실 때마다 집안을 가득히 메우던 향취 그대로였다.

"맛이 좀 쌉쌀하지?"

"네, 그래도 향이 좋으니 아주 맛있는 걸요."

그는 아버지가 내민 더덕을 씹으며 나무 그늘에 기대어 앉았다. 아버지는 또 부지런히 더덕을 캐서 걸망에 담으셨다. 그는 그 모습을 보며 다시금 아버지의 말을 되새김질했다.

"마음이 흐릿하면 무엇도 볼 수 없단다. 마음으로 집중하면 정말 중요하고 진실된 것을 볼 수 있단다. 그리고 무엇이든 제 하는 일을 소중하게 여기지 않으면 열매를 얻을 수 없단다."

'무엇이든 소중하게 여기고 집중해야 한다?'

아버지의 웃음

생각해 본 적이 없는 일이었다. 하지만 어느새 그는 아버지의 지혜에 따라 자신의 삶을 돌아보고 있었다.

문득 문득 떠오르는 장면들. 회사에선 회사에서대로 바쁘다는 핑계로 건성건성 흘려보낸 일들이 많았다. 집에선 회사가 바쁘고 피곤하다는 핑계로 아내와 가족들에게 집중하지 못했다. 그러다 문득 아버지가 말하던 막걸리가 생각났다.

'술자리는 어땠지? 술을 자주 마셨는데 하나도 생각나지 않네. 그때 내가 누구랑 있었더라.'

그거였다. 어떤 상황이든, 누구와 함께 있든, 어떤 일을 하든 그 순간, 일, 사람에 집중하지 못했다.

그는 눈앞에 펼쳐지는 그 어떤 선명한 기운을 느끼며 자신에게 필요한 열쇠를 찾을 수 있을 것 같다는 자신감을 찾아갔다.

어느 정도 걸망이 차자 아버지도 그의 곁에 다가와 앉으셨다. 그들은 소나무 숲에 앉아 한동안 두런두런 이야기꽃을 피웠다. 어린 시절 이야기를 하시며 아버지는 자주 껄껄

껄 웃으셨다. 그도 형님들을 따라 나무하러 다니던 이야기
며, 냇가에서 천렵을 하던 것이며, 과수원집 서리 갔다가
호되게 야단맞은 일을 떠올리며 함께 웃었다. 그는 오랜만
에 맛보는 평온에 자신의 몸을 내맡겼다. 온몸을 감싸고도
는 솔향기, 기분 좋은 배경음악처럼 들려오는 산새소리와
아버지의 웃음소리. 그 모든 것이 마음을 안정시켜 주고 한
결 가볍게 만들어 주었다. 아버지가 친구처럼, 스승처럼 느
껴졌다.

"아버지"

"그래."

"제가 정말 다시 시작할 수 있을까요? 아버지께 죄송한
말씀이지만 제 나이 이제 마흔이잖아요. 정말 무언가 다시
시작할 수 있을까요? 아버지가 말씀하신 그 열쇠를 찾으면
정말 다 잘될까요?"

아버지는 그의 어깨를 토닥여 주었다.

"그럼, 물론이지. 나이 마흔이 어떻다고 그러니. 서두른
다면 실패할 나이지만 지혜롭게 대처하면 인생을 변화시키

기에 적합한 나이란다. 얘야, 에비가 보기엔 너는 이미 그 열쇠를 찾은 것 같구나."

"네?"

의아해하는 그를 보며 아버지는 온 산이 떠나갈 듯 호탕하게 웃으셨다.

"하하하하하하하하하하…."

"아버지, 왜 자꾸 웃기만 하세요?"

"하하하…."

아버지는 계속 웃기만 하셨다. 그는 영문도 모른 채 어리둥절해하다가 자신도 모르게 아버지와 함께 웃기 시작했다.

"하하하하하하하하하하…."

두 부자는 배꼽이 빠져라 웃었다. 웃다 보니 가슴속이 시원해지고 솟아오르는 에너지가 느껴지기 시작했다. 순간 한 장면이 그를 스쳐 지나갔다.

"자네는 말이야. 다 좋은데 얼굴이 너무 굳어 있어. 그래

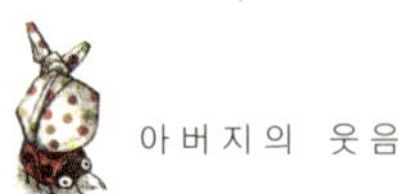
아버지의 웃음

서 어디 사람들이 자네를 믿고 따를 수 있겠어?”

자신이 믿고 따르던 조 상무가 그를 불러 놓고 한 말이었다. 구조조정 명단이 발표되고 나서 조 상무를 찾아갔을 때도 그는 그렇게 말했다.

“자네는 다 좋은데 표정이 너무 어두워. 앞으로 어딜 가든 밝게 생활하게나. 건투를 비네.”

그땐 조 상무에 대한 배신감으로 그의 말이 귀에 들어오지 않았었다.

‘설마?’

그는 더 지체할 수가 없었다. 아버지에게 확인을 받아야 했다.

“아버지, 혹시 아버지가 말씀하신 그 열쇠라는 게 설마 웃음은 아니겠죠?”

아버지는 또 한 번 호탕하게 웃으시고는 잠시 호흡을 가다듬었다.

“하하. 왜 아니겠니! 애야, 네 안의 웃음을 맛보렴.”

그는 잠시 멍해졌다. 입에서는 허탈한 웃음이 흘러나

왔다.

  '세상에, 내가 웃음을 잃어버려서 이 지경이 됐다고? 말
도 안돼!'

  자신이 웃음이 부족해서 이런 상황에 처했다는 것을 도
무지 인정할 수 없었다. 더군다나 웃음이 인생을 변화시킬
만큼 중요하다고는 도무지 생각되지 않았다.

  "웃음이라니요! 말도 안돼요."

  그는 따지듯이 물었다. 아버지는 아이처럼 밝은 표정을
지으며 그를 바라보았다. 아버지의 천사 같은 미소를 보며
그는 순간 움찔했지만 그렇다고 해도 그걸 인정할 수는 없
었다.

  그는 또다시 격양된 어조로 말했다.

  "도대체 이해가 안 되요. 웃음이 그렇게 중요한 건가요?
전 도저히 인정할 수가 없어요. 아버지 말씀처럼 웃음이 그
리 중요한 거라면 사람들이 웃음을 배우려고 했을 텐데 그
렇지 안잖아요?"

  "이미 가지고 있는 것이기 때문에 별로 생각하지 못하는

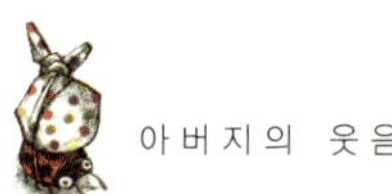

거 아니겠니. 태어날 때부터 네 안에 있었으니까. 그런데 애야, 성공한 사람들 얼굴을 한번 잘 보렴. 성공한 사람치고 우거지상인 사람은 없단다.”

아버지는 그렇게만 말씀하시고는 더 이상 말씀 없이 소나무 숲을 거니셨다. 그는 솔숲에 앉아 아버지의 말처럼 주변의 성공한 사람들 얼굴을 하나씩 떠올려봤다.

최고의 임원이라 평가받는 조 상무, 최대 거래처 임원임에도 불구하고 언제나 하청업체 직원인 자신에게 친철하고 깍듯하던 최 사장과 김 부장, 고속 승진을 하고 있는 이 과장, 그리고…’ 사람들의 얼굴을 떠올리던 그의 머릿속에 문득 아버지의 함박웃음이 떠올랐다.

‘아! 아버지.’

정말 그랬다. 아버지의 말씀처럼 성공한 사람들의 표정은 언제나 밝고 당당했다. 그들은 언제나 잘 웃었다. 별일도 아닌데 배꼽을 잡고 웃을 때가 많았다. 다른 사람들과 이야기하면서도 친절하고 밝은 미소를 잃지 않았다. 그들과 함께 있으면 묘한 에너지가 흐르곤 했었다.

'그거였나? 하지만 그 사람들은 실력도 출중했고, 줄도 잘 섰어. 말도 안돼. 웃는다고 성공하고, 인상 쓴다고 실패하나?'

성공한 사람들이 잘 웃는 건 사실이었지만 그렇다고 그들이 웃어서 성공한 것 같지는 않았다. 게다가 아무리 생각해도 자신의 현재 처지가 웃지 않았기 때문이란 아버지의 말씀은 인정할 수 없었다. 그러면서도 왠지 자신이 잘 웃지 않는다는 사실에는 신경이 쓰였다.

그는 아버지의 뒷발치에서 소리쳤다.

"아버지! 제 얼굴이 그렇게 굳어 있나요?"

아버지가 고개를 돌려 그를 바라보며 말했다.

"애야, 웃어 보렴! 웃으면 네 인생도 달라질 게다. 마음 편히 신나게 웃고 나면 뭐든지 다시 시작할 힘을 얻을 수 있지 않겠니?"

"…"

그는 쉽게 대답할 수 없었다. 웃는다고 지금 현실이 달라지진 않을 것 같았다. 그저 아버지처럼 농사를 지으시며 자

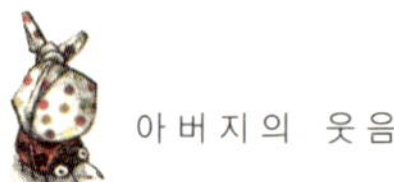

아버지의 웃음

연을 벗하고 사는 사람이라면 모를까 정글이라는 말이 딱 맞을 정도로 치열한 경쟁의 시대를 사는 자신에게 아버지의 말은 그저 허황된 이상일 뿐이라는 생각이 들었다.

아버지는 더덕이 담긴 걸망을 어깨에 메시며 내려갈 채비를 하고 계셨다. 그도 생각을 멈추고 자리에서 일어나 아버지에게서 걸망을 받아들어 산을 내려왔다.

마을 어귀에 들어서자 아무 말씀 없던 아버지가 그에게 물었다.

"애야, 나무토막이나 돌부처가 웃는 것을 본 일이 있니?"

"네? 아버지도 참, 세상에 그런 경우가 어디에 있어요."

"하하하… 그런가? 그런데 말이다. 죽은 나무토막이라도 내가 웃으면 웃는 만큼 그것들도 웃더란 말이다."

아버지는 뜻 모를 말씀을 하시고는 발걸음을 재촉하셨다. 그는 아버지의 의중이 무엇인지 곰곰이 생각하며 뒤를 따랐다.

들녘엔 어느새 어스름이 깔리고 있었다.

아들아,

　애야, 네가 여기에 왔을 때부터 에비는 네 얼굴이 못내 마음에 걸렸다. 세상 모든 고민은 다 짊어지고 있는 듯한 네 표정을 보니 마음이 정말로 편치 못하더구나.

　네가 실직을 했다는 말을 하기 전에도 '이놈에게 무슨 일이 있구나!' 딱 보이더란 말이다.

　에비가 말한 웃음의 가치를 믿기 어려운 모양이더구나.
　그래, 세상이 각박하고, 경쟁이 그리 치열하다는데 네가 그러는 것도 무리가 아니지.

　하지만 애야, '성공해서 웃는 것이 아니라 웃어서 성공한다'는 말이 있단다.

　웃는다는 게 뭐냐? 어떤 상황에서건 즐긴다는 거 아니더냐. 즐긴다는 것은 또 무엇이냐? 어떤 일이건 좋은 것을 먼저 본다는 것이다.
　그래 긍정적인 사고를 갖는 게지. 네 마음을 다스려야 한다는 게다.

　사람을 만물의 영장이라고 부르는 것은 마음이 있기 때문이야.

　마음을 다스려 마음을 달리 먹으면 모든 게 다 달라진단다. 머리만 믿고 섣부르게 나서는 사람들은 성공하기 어렵단다. 모든 건 마음에서 시작되는 법이다.

　얘야, 이 세상 누구도 그 무엇도 너를 괴롭히지 못한다.

　너를 괴롭히는 건 오직 네 자신뿐이야. 어제도 그랬고, 지금도 그렇다. 그러니 네가 찾고 있는 열쇠는 바로 바로 너 자신인 게지.

　네가 웃지 않으면 누가 너에게 웃음을 주겠니.

　세상이 네게 웃음을 주지 않는다고 불평하지 말렴. 밝고 건강한, 긍정적인 마음, 좋은 생각, 좋은 말을 하면 네 안에서 웃음이 터져 나올 게야.

　그게 바로 열쇠란다.

　얘야, 진정한 웃음은 돌부처도 춤추게 한단다.

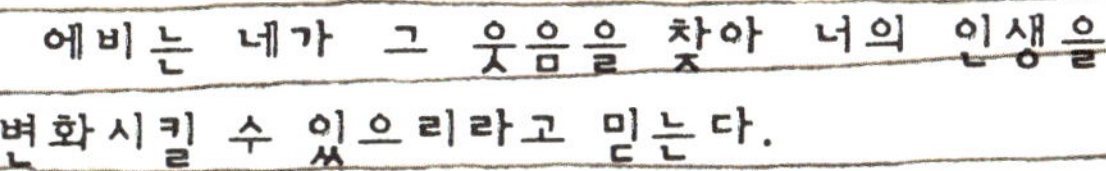

　에비는 네가 그 웃음을 찾아 너의 인생을 변화시킬 수 있으리라고 믿는다.

스스로 믿는 만큼 행복해진다

　　　그는 저녁 늦게까지 아버지가 말한 웃음에 대해 생각했다. 아버지는 결국 마음의 변화가 인생을 바꾼다는 말씀을 하고 계신 것이었다.

　'좋은 생각을 통한 웃음과 자신의 인생, 변화, 성공.'

　그는 그 화두를 풀기 위해 골몰했다. 하지만 뾰족한 답이 나올 리 없었다. 웃는 법을 배운 적도 없거니와 누가 가르쳐 줄 수 있는 게 아니라던 아버지의 말씀처럼 정말 배울 수 있는 것이 아니었다. 게다가 자기 스스로 웃음이 인생을 변화시킬 것이라고 믿지도 못하면서 그것에 기대한다는 게 용납되지 않았다.

그는 식사 때가 된지도 모르고 생각에 잠겨 있었다.

아버지는 장지문을 열고 그에게 식사하러 읍내에 나가자고 청하셨다. 아버지를 따라나서면서 그는 아버지와의 외식이 참 오랜만이라는 사실을 깨우쳤다. 바쁘다는 이유로, 먹고살기 힘들다는 이유로 제대로 식사 대접 한번 못했다는 생각을 하니 코끝이 찡해졌다.

그는 애써 웃음을 지으며, 아버지를 모시고 읍내로 향했다.

부자는 읍내에 새로 생긴 오리고기 전문점에 자리를 잡았다. 아버지는 불판에서 지글지글 맛있게 익는 고기를 연신 그 앞으로 밀어 놓았다.

"아이 참, 아버지 드세요."

"너 많이 먹어라. 힘들 때일수록 챙겨먹어야 한다."

그는 아버지의 주름진 손을 한동안 말없이 쳐다보았다.

세상 어느 아버지가 그렇지 않겠냐만은 언제나 자식들에게 말없이 힘이 되어 주신 내 아버지의 지난 세월이 고스란히 묻어 있는 거친 손이 부지런히 고기를 뒤집고 있었다.

그는 마음속으로 죄송스러운 생각이 들면서도 한편으로는 아버지께 지혜를 더 얻고 싶은 욕심이 생겼다. 그는 조심스레 풀지 못한 고민을 꺼내 놓았다.

"아버지, 정말 웃음이 제 인생을 바꿔 줄까요?"

아버지는 그의 밥그릇 위로 고기 한점을 올려놓으며 말문을 열었다.

"네게 달려 있겠지. 울거나 웃거나 그건 네가 결정할 일이지 않겠니. 널 울리는 것도, 웃게 하는 것도 네 자신이란다."

"하지만⋯. 전 자신이 없는 걸요."

"애야, 실패를 두려워하지 말렴. 지난 실패를 돌아보지도 말렴. 그것에 붙잡혀 있으면 그 실패는 정말 네게 완전한 패배를 안겨 줄 게다. 지금부터라도 실컷 웃어 보렴. 웃음을 배워 보렴."

아버지는 거기까지 말씀하시고는 다시 열심히 고기를 구

아버지의 웃음

워 그 앞으로 밀어 놓으셨다.

'웃음을 배운다.'

그의 머릿속으로 여러 가지 생각이 스쳐지나갔다.

'어떻게 배운다는 거지?'

'배운다고 해도 정말 효과가 있을까?'

'에잇, 돈 드는 것도 아닌데 한번 해볼까?'

이런저런 생각을 하던 그는 잠시 후 무언가 결심한 듯 말 문을 열었다.

"아버지, 정말로 아버지는 웃음이 인생을 변화시킨다고 믿으시는 거지요? 그리고 그 웃음을 배우면 제 인생이 정말로 변할 거라고 믿으시는 거구요."

아버지는 말없이 빙그레 웃음을 지으셨다.

"그럼, 아버지 저 해볼게요. 지금 제 상황에서 다른 것을 뭐할 수 있겠습니까? 하지만 아버지께서 도와주시지 않으면 아무것도 할 수 없을 겁니다. 아버지께서 도와주세요."

"애야, 웃음은 네 안에서 너를 기다리고 있단다. 복잡하게 생각하면 웃음도 미로 속에서 헤매게 되지. 단순하게 생각하고 편안하게 바라보렴. 다른 사람, 환경에 기대려고 하지는 말아라.”

“아버지!”

그는 조금 서운했다. 그렇게 애절하게 매달리는 자신에게 돌아온 대답은 결과적으로 당신께선 도와줄 수 없다는 것이 아닌가.

서먹한 기운이 감돌았다. 아버지는 연신 그의 앞으로 음식을 밀어 놓았고 두 사람은 말문을 닫고 식사만 할 뿐이었다. 음식을 먹으면서도 그는 여러 가지 생각으로 복잡했다. 그러다 문득 머릿속을 스치는 생각이 있었다. 그는 곧바로 아버지께 질문했다.

“아버지, 다른 사람이 웃음을 주고 세상이 즐겁게 해줄 거라 기대하지 말고 제 스스로 즐겁게 살 방법을 찾으라는 말씀인가요?”

아버지는 대견스럽다는 듯 고개를 끄덕이셨다. 그리곤 말을 이었다.

“애야, 우선 어떤 일에 대해서건 안 된다는 생각부터 버

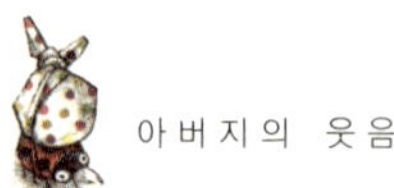
아버지의 웃음

리렴. 과거의 어둠과 단절하겠다는 결단이 필요해. 쉽진 않을 게다. 하지만 너는 며칠 사이에 벌써 조금씩 변화하고 있지 않니?”

정말 그랬다. 고향집에 내려온 이후로 아버지가 던지는 화두에 따라 줄곧 생각을 하며 자신을 괴롭히던 과거를 조금쯤은 잊고 있었다.

아버지는 말을 이었다.

“그리고 말이다. 다른 것을 할 수 없으니 웃음을 배우겠다는 생각보다는 웃으면 성공한다는 믿음을 가져 보렴. 세상 모든 일이 그렇지 않니? 믿는 대로 이루어진다는 말도 있잖아. 그러니 얘야, 웃음의 가치를 인정하고 그것에 대한 믿음을 가지고 하루하루 결심을 다져 보렴.”

그는 자신도 모르게 고개를 끄덕이고 있었다.

세상을 사는 이런저런 지혜를 나누며 부자는 맛있게 식사를 마쳤다.

집으로 향하는 길에 그는 몇 가지 궁금증이 들어 아버지께 물었다.

“아버지, 생각해 보면 저는 정말 웃음에 인색한 것 같아
요. 그런데 그런 사람들이 많거든요. 왜 그럴까요?”

아버지는 잠시 생각하시더니 대답했다.

“에비가 보기엔 몇 가지 이유가 있는 것 같구나.”

“그게 뭔가요?”

“글쎄다. 무엇보다 다들 큰 것만 찾기 때문이 아니겠니.”

“네?”

“욕심을 부린다는 게야. 내 집이 아무리 크고 좋아도 사
촌이나 친구의 집이 더 넓으면 만족을 못하지. 자가용이나
월급, 뭐든지 그렇지 않니. 결국 제 것을 소중히 여기지 못
하는 게지. 그렇게 큰 것만 찾으며 욕심을 부리면 언제나
불만스럽고 힘이 든다. 그러니 웃지 못하는 게 당연하지 않
겠니.”

아버지는 잠시 숨을 고르고 말을 이었다.

“더군다나 다른 사람들과 비교하면 웃음을 찾기는 더욱
어려워진단다. 에비가 보기엔 그것만큼 인생을 허비하는
게 없는 것 같구나.”

아버지의 웃음

그는 정곡을 찔린 것 같아 깜짝 놀랐다.

직장에 다니는 동안도 그렇고 쫓겨난 이후에도 '내가 누구보다 잘났는데, 누구는 나보다 줄을 잘 섰네' 등 다른 사람들과 비교하기에 바빴기 때문이었다. 아버지는 꼭 자기를 꾸짖고 계신 것만 같았다.

한동안 말씀이 없으시던 아버지가 말문을 열었다.

"게다가 잘 안 웃는 사람들을 보면 생각이 너무 많아. 심사숙고해야 할 일이 있으면 그렇지 않은 일도 있거든. 그런데 모든 것에 신경을 다 쓰다 보니 힘을 낭비하는 거지. 그럼 인생의 참맛을 볼 틈도 없이 쫓기고, 여유를 잃게 돼. 집중할 것에는 집중하고 그렇지 않은 것은 포기할 줄도 알아야 하는데 말이야. 이 나이까지 살다 보니 걱정하고 고심했던 일 중에 정말 눈앞에 나타난 일은 10분에 1도 안 되는 것 같구나. 결국 쓸데없는 데 내 에너지를 낭비하면서 웃음을 잃고 말았던 게지. 그런데 얘야."

"네."

"이 모든 것이 결국은 자기 자신을 잘 알지 못하기 때문

이 아니겠니. 있는 그대로의 자신을 받아들이는 것부터 시
작해야 하는데 그것은 하지 않고 그저 더 좋은 것, 더 큰 것
을 찾다가 불행해지는 게야. 웃음은 웃을 준비가 되어 있는

사람에게 찾아오는 거란다. 웃음이 자랄 수 있도록 텃밭을
가꾸고 씨앗을 뿌려야지.”

그는 고개를 끄덕이며 아버지의 지혜를 받아들이고 있었
다. 마음을 편하게 먹으니 자신도 모르게 미소가 지어졌다.
부자는 오랜만에 서로를 마주 보며 웃었다.

집으로 돌아온 아버지는 책상 서랍에서 종이 한 장을 꺼
내 그에게 내밀었다.

이제 웃어 보세요.

미소 지을 때마다 젊어지고

온몸은 엔돌핀이 흘러넘칩니다.

웃음은 만나는 사람을 행복하게 만들고

웃음 바이러스를 한없이 퍼트리지요.

집안을 밝히고

직장 동료를 즐겁게 하고

자신의 행복을 찾아줍니다.

웃어 보세요.

돈도 들지 않고, 힘도 들지 않습니다.

살짝 미소지어 보세요.

당신의 가치를 돋보이게 만들어 주고

부드럽고 따뜻한 사람으로 만들어 줄 것입니다.

진실하게 웃을 때

내면에 숨겨진 아름다운 보물을 맛보고

이웃과 나누는 행복을 누리게 될 것입니다.

웃어 보세요.

세상 사람들이 당신에게 옵니다.

웃음은 신이 준 선물입니다.

웃어 보세요.

웃음은 능력입니다.

그러므로 연습이 필요합니다.

웃는 자는 강한 자입니다.

그는 아버지가 건네 준 글귀를 읽어 가는 동안 아버지에게 큰 재산을 물려받은 기분이 들었다. 뭔가 할 수 있을 것 같은 희망도 생겨났다.

그때 아버지가 말했다.

"애야, 내일부터 아침에 일어나면 웃음의 기도를 하렴."

"웃음의 기도라니요?"

"웃겠다는 결심이지. 네 삶이 하루하루 달라질 게야. 웃음이 상처 입은 너의 마음과 삶을 치료해 줄 게다. 웃으려고 노력하지 않는 사람에게는 웃음이 아무런 의미가 없지만 마음으로부터 웃는 사람의 웃음은 좋은 치료제가 되거든."

그는 아버지의 말을 깊이 새겼다.

방으로 들어온 그는 마음을 가라앉히고 자신의 마음에 집중하는 연습을 해보았다.

'나의 마음은 어디에 있는지.'

'내가 누구와 비교하며 힘들어하진 않았는지.'

'욕심으로 스스로를 괴롭히진 않았는지.'

하나씩 생각을 정리해 가면서 그는 어려운 현실보다는

아버지의 웃음

희망찬 미래를 꿈꾸겠다는 다짐을 하게 되었다.

"하하하하하하…."

그러자 신기하게도 웃음이 터졌다. 몸속을 떠다니던 응어리가 빠져나가면서 기분이 상쾌해지고 평안해짐과 동시에 자신도 모르게 웃음이 터져 버린 것이다.

그는 처음 맛보는 기분을 만끽하며 잠자리에 들었다.

아들아,

　얘야, 오늘은 에비가 이런저런 이야기를 많이 했구나. 네가 어떻게 생각을 하든지 그건 에비가 팔십 평생을 살아오면서 진리라고 생각하며 믿고 의지해 온 가치란다.

　얘야, 에비는 네가 하루하루 웃음의 가치를 인정하며 네 자신을 사랑하고 자랑스러워하길 바란다.
　지금 네게 필요한 것은 그 어떤 것보다도 바로 네 자신에 대한 믿음에서 비롯되는 웃음임을 잊지 말거라.

　'지금 네게 필요한 것은 기적이 아니라 바로 웃음이다!'

　나는 웃는다. 그러므로 건강하다.
　나는 웃는다. 그러므로 인정받는다.
　나는 웃는다. 그러므로 꿈이 있다.
　나는 웃는다. 그러므로 내 주변에 사람들이 모여든다.

나는 웃는다. 그러므로 성공한다.
웃음은 내게 있어 능력이며 무기이다.
나는 웃는다. 그러므로 나를 사랑한다.

웃음은 신이 준 선물이다.
이것만 가지면 못 오를 곳이 없으며
이루지 못할 일이 없

웃음은 내게 있어 전략이다.
나는 웃는다. 그러므로 존재한다.

인생은 오직 자신과의 게임이란다

다음날 아침, 그는 다른 날보다 일찍 자리에서 일어났다. 신나게 웃다가 잠이 들어서인지 몸이 개운하고 가뿐했다. 그는 힘껏 '하하하' 웃으며 마당을 쓸고 닭 모이를 주었다.

언제 일어나셨는지 아버지가 물통을 하나 들고 나오시며 산에 다녀오자고 청하셨다.

아버지는 그 나이에도 변함없이 산을 오르고 약수를 길어오곤 하셨다. 자식들은 무슨 일이라도 날까 노심초사했

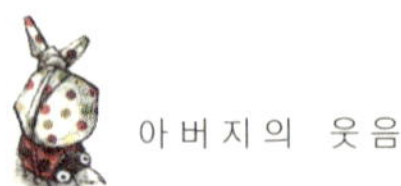

지만 아버지는 젊은 자식들보다 더 정정하셨다.

산속의 공기는 참으로 신선했다. 외지인들로 보이는 등산객들도 심심치 않게 눈에 띄었다. 여기저기 알록달록한 등산복을 입은 외지인들을 보며 아버지가 한마디 하셨다.

"그래도 예전보다는 사람들이 많아졌구나. 공기 좋은 곳 찾아다니는 사람이 많아지는 건 좋은 일인 것 같아. 꽉 막힌 도시에 갇혀 살면서 좋은 것도 못 보고 좋은 공기도 못 마시면 사람이 성할 수 있겠니? 너도 여기 있는 동안 좋은 공기 많이 마시고, 좋은 것 많이 보고 가려무나. 저기, 멀리 바다도 보이지 않니."

"네."

산행은 2시간 여 동안 계속되었다. 그는 어느새 지쳐서 숨을 헐떡이고 있었다. 하지만 팔순 고령의 아버지는 평지를 걷듯 가파른 길을 천천히 오르고 계셨다. 순간 그는 무력감을 느끼지 않을 수 없었다. 아버지도 약골 같은 그의 모습을 보면서 속이 좀 상하신지 한 말씀하셨다.

"네가 도시에 살면서 건강을 많이 상한 모양이구나. 어렸을 때는 날다람쥐처럼 잘도 오르더니…. 건강도 연습을 해야 지킬 수 있단다. 웃음처럼 말이지.”

“아버지, 좀 쉬었다 가시지요. 정말 좀 힘드네요.”

“그래, 좀 쉬자구나. 앞만 보고 걸어가면 재미가 없지. 가끔은 쉬면서 뒤도 돌아보고 주변도 살피는 게 재미나단다.”

아버지의 말에 따라 그는 눈을 돌렸다. 멀리 보이는 산등성이, 언제 지나쳐 온지도 모르지만 그 길에 자리 잡고 있는 큰 바위, 무성한 나뭇잎들이며 시냇물 소리까지 모든 게 정겹게 여겨졌다.

“얘야, 우리가 걸어온 길이 아름답지 않니? 저 길이 참 소중하지 않니? 정상만 바라보고 가다간 저런 소중한 것들을 잃어버릴 수도 있단다.”

그는 한동안 숨을 고르며 아버지의 말을 곰곰이 생각해 보았다. 그는 이제 아버지의 말에서 자연스럽게 인생의 지혜를 찾고 있었다. 처음에는 모질게만 느껴지던 아버지의 말에서 참된 진리를 깨닫고 있었기 때문이었다.

잠시 후 아버지가 자리에서 일어났다.

"가자구나."

그들은 2시간 정도 더 걸었다. 아버지 말씀처럼 길에서 만난 돌 하나, 풀 한 포기, 이름 모를 산새, 가끔씩 서로 목례를 주고받던 낯선 등산객들, 그 모든 것에 감사하고 의미 부여를 하며 산에 오르니 힘들다는 생각을 하지 않고 어느덧 정상에 다다랐다.

정상에는 큰 바위 덩이만 두 개 놓여 있을 뿐 다소 황량했다. 그 어느 지점보다 화려하고 멋있는 풍광을 기대했던 그는 조금 실망했다.

그때 건너편 산등성이에서 '야호!' 하는 메아리가 들려왔다. 순간 그의 머릿속의 뿌연 안개가 거치면서 자신이 의미 부여했던 그 모든 것들과 아름다운 풍경이 떠올랐다. 그러자 자신이 세상 부러울 것 없는 부자가 된 듯 행복했고, 그 어느 때보다 뿌듯했다.

그도 손을 입에 가져다대어 확성기처럼 만들고 가슴에서부터 소리를 모았다.

“야호~!”

울려 퍼지는 메아리를 들으며 그는 생각했다.

‘내가 만약 앞만 보고 올랐다면 과연 이렇게 뿌듯했을까?’

그의 마음을 읽기라도 한 것일까? 아버지가 조용히 말씀하셨다.

“어리석은 사람들은 기를 쓰면서, 남을 비난하고 때로는 짓밟으면서 정상에 오르려고 하지. 자신이 오르는 정상에는 돌덩이만 있는데 그것도 모른 채 죽음까지 무릅쓰면서 아무것도 없는 그곳에 오르려고 해. 그런 사람들은 정상은 화려하고, 풍요롭고, 영광스러운 자리일 거라고만 생각하지. 그리고 눈으로 보이는 산꼭대기만이 정상인 줄 알고 살아. 참으로 어리석게도 말이야.”

아버지의 말씀을 들으며 그는 다시 한 번 숙연해졌다. 지금까지 자신이 돌덩이와 거센 바람만이 기다리는 허무한 정상을 향해 소리치며 달려왔다는 것을 깨달았기 때문이었다.

주변 한번 돌아보지 못하고 하늘 한번 쳐다보지 못하고 그저 달려온 길이었다. 그렇게 달리는 동안 친구도, 가족도 모두 자신을 떠났다. 아무것도 남아 있지 않은 지난 길을 돌아보며 그는 정상에 오르는 과정을 즐기고 그 안에서 웃음을 찾아야 함을 새삼스레 다시 깨우쳤다.

그는 조심스레 말문을 열었다.
"아버지, 정상을 찾아가는 길에서 웃음을 놓치지 않고 살 수 있을까요? 그러면 정말로 행복해질까요?"
아버지는 그를 격려하듯 한손을 치켜들어 주먹을 쥐어 보이고는 크게 웃었다.
"그럼, 네가 무슨 일을 하든지 네가 서 있는 그곳이 바로 정상이란다. 웃음을 잃지 않는다면 말이지!"
"하하하하하하하."
부자는 마주 보고 크게 웃었다. 그는 순간 자신도 모르게 무릎을 탁치며 소리쳤다.
"아버지! 웃음이 우리의 목표군요!"

아버지의 웃음

아버지는 그가 대견스러운 듯 활짝 웃으시며 어깨를 토
닥여 주었다. 두 사람은 정상에 앉아 두런두런 이야기를 나
누며 한 시간 정도 머물다가 하산을 시작했다.

이번에도 아버지가 앞장서 가셨다. 그는 마치 어린 아이
처럼 아버지의 뒤를 조심스럽게 따라 내려갔다.

하산하는 길은 오를 때와는 다른 어려움이 있었다. 오히
려 올라올 때보다 더 힘들고 미끄러워 중심을 잡기가 어려
웠다. 아버지는 가끔 뒤를 돌아보며 그에게 발 디딜 곳을
일러 주셨다.

"앗!"

그는 잠시 딴 생각을 하다가 발을 헛디뎌 미끄러지고 말
았다. 다행히 그리 가파른 곳이 아니어서 나뭇가지를 잡고
겨우 중심을 잡을 수 있었다. 그는 놀란 가슴을 쓸어내리며
말했다.

"산에 오를 때마다 느끼는 건데요. 내려오는 길이 훨씬
힘든 것 같아요."

"그래, 산에 오를 때는 한두 번 넘어진다고 해도 오히려

정상에서 얻는 기쁨을 더 크게 만들어 주는 힘이 되지. 힘
들게 오른 만큼 기쁨도 커지니까. 하지만 내려오다 넘어지
면 큰 사고로 이어지는 경우가 많단다. 차분히 주변도 잘
돌아보면서 조심해서 내려가야 해.”

아버지는 다시 그에게 발 디딜 곳을 일러 주며 산을 내려
가셨다. 한참 동안 말없이 내려가시던 아버지는 잠시 쉬어
가자며 큰 바위에 자리를 잡고 앉았다.

시원한 바람으로 땀을 식히며 주변을 둘러보던 아버지가
말문을 열었다.

“얘, 저기 저 고목을 보렴.”

아버지가 가리키는 손끝을 따라가 보니 산수화에서 막
튀어나온 듯 멋스럽고 위풍당당한 소나무 한 그루가 서 있
었다.

“우와! 정말 멋있는 걸요.”

“그렇지? 하지만 저 소나무도 처음에는 다른 나무들과
다르지 않았을 게야. 비바람에 꺾이고 상처 입으면서 그걸
치유하고 새로운 길을 찾아 저렇게 자랐을 게다. 한 자리에

아버지의 웃음

머물 수밖에 없는 자기 처지를 받아들이고 더 잘 살기 위해
서 노력했을 게야."

그는 아버지의 말을 들으며 인내와 행복을 생각했다. 비
록 지금은 빈털터리나 다름없이 아무것도 가진 게 없지만
이렇게 훌륭한 아버지가 계시고, 무엇이든 다시 시작할 수
있다는 희망을 얻지 않았는가.

생각할수록 그는 자신감을 얻었다. 아버지의 소박한 가
르침에서 위대함을 발견할 수 있다는 것이 더 큰 힘이 되
었다.

한참 만에 아버지는 다시 말을 이었다.

"그런데 애야, 나무는 혼자서는 숲을 이루지 못한다. 혼
자 살겠다고 하늘 높은 줄 모르고 뻗은 나무에게는 새도,
산짐승도, 나그네도 머물지 않지. 어울려서 자랄 때 모든
것들이 그 나무 아래로 찾아들어 햇빛을 피하고, 비를 피하
고 바람을 피하지."

아버지의 말을 들으며 그는 사람과 함께 할 때 진정한 가

치를 얻을 수 있다는 가르침을 깨
우쳤다. 행복도 마찬가지일 거라
생각했다. 사람들은 결코 돈으로
얻을 수 없음을 너무도 잘 알고
있었다. 그는 마음을 다잡았다.
어느새 그에게, 아버지의 웃음 속
에서 삶의 이정표를 찾을 수 있다
는 희망이 용솟음쳤다.

읍내에 닿은 그는 한사코 마다
하는 아버지를 모시고 목욕탕에
갔다. 피로도 풀고, 효도 한번 제
대로 못했는데 이참에 아버지 등
이라도 밀어드리고 싶다는 생각
때문이었다. 그런데 막상 목욕탕
에 들어가 발가벗은 아버지의 모
습을 본 그는 죄스러움에 얼굴이

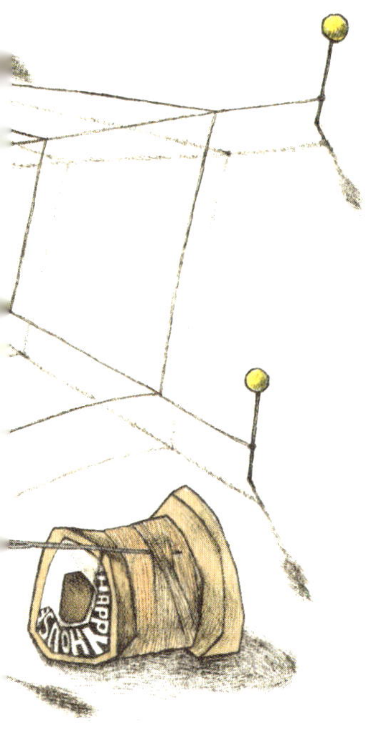

화끈거려 어디로든 숨고 싶어졌다. 아버지는 바람결에 금방이라도 날아갈 듯 앙상한 체구에 살갗만 겨우 남아 있었다. 자식들이 단물을 다 빨아먹은 것만 같아 그는 자신이 죄인처럼 느껴졌다.

아버지는 탕 속에 몸을 담그고 그를 불렀다.

"이쪽으로 오렴. 물이 따뜻하구나. 어려서 둘째하고 놀다 다친 흉터는 여전하구나. 등은 또 왜 이리 굽은 게야."

아버지는 또 걱정이셨다. 그는 너무 부끄러워 할 말이 없었다.

"아버지, 보약 한 재 지어드려야겠어요."

"웬 보약, 에비는 시골에서 보약보다 더 좋은 공기 마시면서 잘 살고 있다. 너나 챙기렴."

아버지는 애써 그의 눈빛을 외면하면서 창문 밖을 바라보셨다. 그도 아버지를 따라 창밖으로 눈을 돌렸다. 거미 한 마리가 추녀 밑에 매달려 열심히 집을 짓고 있었다.

아버지가 손가락으로 거미를 가리키며 말했다.

"요즘 같은 시대에는 개미처럼 일만 해서는 성공하기 힘

아버지의 웃음

들다고 하더라. 저기 저 거미처럼 한 가지에서 최고가 되어야지. 거미는 집짓기에는 최고잖니. 너도 저렇게 네 분야에서 최고가 되어야지.”

“네.”

두 부자는 서로 등을 밀어 주면서 애틋한 정을 나눴다.

목욕을 마치고 집으로 돌아가는 길에 아버지가 말문을 열었다.

“얘야, 너 샛갈이라는 길목 알지?”

어린 시절부터 잘 아는 곳이었다. 어렸을 때는 여우가 나타난다고 해서 저녁이면 그 길목으로는 아무도 다니지 않았다.

“네.”

“그래, 에비가 어렸을 때 한 젊은이가 그곳에서 죽은 일이 있었다.”

“아니 왜요?”

“나뭇가지에 걸려서.”

"네? 어떻게 나뭇가지에 걸려 죽을 수가 있지요?"

"글쎄다. 잘은 모르겠다만 두려움이 그를 죽음으로 몰아간 게 아닌가 싶다. 너도 들었겠지만 예전부터 그곳에는 여우가 산다고 해서 사람들이 잘 안 다녔잖니. 헌데 그 젊은이가 불가피하게 한밤중에 그 길을 가야했던 모양이야. 길을 나서는 젊은이에게 할머니가 여우가 다니는 길이니 조심하라고 일렀지. 그는 아마 비탈길에 들어서자마자 열심히 뛰었을 게다. 그런데 뒤에서 누가 확 잡아채는 걸 느낀 거지. 여우일 거라고 지레 짐작하고 발버둥을 친 모양이더라. 나뭇가진 줄도 모르고 말이야. 다음날 동네 사람들이 젊은이를 발견했을 땐, 겁먹은 얼굴로 눈도 못 감고 얼어 죽어 있었다는구나."

잠시 먼 산을 바라보시던 아버지가 말을 이었다.

"우리네 인생도 그런 것 아니겠니. 어떤 일이 닥칠 때 지레 겁먹으면 아무것도 할 수 없고 결국은 자신을 죽음으로 몰고 갈 수도 있는 거지."

그는 아버지의 이야기에서 마음가짐이 얼마나 중요한지,

아버지의 웃음

부정적인 사고가 얼마나 자신을 갉아먹는지 그 단면을 보
는 것 같았다.

그는 마흔이란 나이에 이제야 그걸 깨우쳤다는 것이 부
끄러웠지만 한편으로는 지금이라도 알게 되어 다행이라고
생각했다.

부자는 한동안 말없이 걸어 집으로 향했다.

아들아,

  얘야, 오늘은 너와 목욕도 함께하고 참으로 행복한 날이었다. 값진 선물을 주어서 고맙다. 탕 속에 몸을 담그고 있으면서 너에게 해주고 싶은 말들을 정리해 보았다.

  얘야, 세상을 살면서 다른 사람을 이기는 것은 진정한 승리가 아니란다. 기쁨도 될 수 없어.
  그러니 그동안 네가 이기려고 했던 모든 것들에서 자유로워지렴.

  갈대가 비바람에도 꿋꿋하게 버티며 사람들의 시선을 받는 이유를 아니?
  그것은 속을 비웠기 때문이란다. 갈대가 제 욕심으로 속이 꽉 차 있다면 아무 소리도 낼 수 없단다.

  세상을 이기기 위해 너를 갉아먹으며 부렸던 오기부터 털어버리렴.

  인생은 오직 자신과의 게임이란다. 이기든 지든 그것은 오직 네 자신에게 달려 있단다.

　이제 네게 가장 귀한 선물이 있으니 네가 새롭게
게임의 규칙을 만들어 나가렴.
　그렇다고 모든 걸 다 이루려 하면 안 된다. 네가 진
심으로 하고 싶은 것, 그 무엇이든 한 가지만 이루면
나머지는 다 저절로 이루어진단다.

　나이 마흔, 많으면 많고 적으면 적은 나이다.
　에비 보기에 네 나이는 자신이 진정으로 원하는 일
을 찾아 매진할 때란다.

　얘야, 에비는 내 아들이 너무나 자랑스럽구나.
　아직도 네가 헤쳐가야 할 길이 험란하지만 그래도
너는 네가 가진 가장 큰 능력, 신이 네게 준 가장 큰
선물이 무엇인지 알게 되었잖니.

　아들아!
　네게는 희망이 있고, 웃음이 있고,
행복이 있단다. 그것을 잊지 말려무나.

주저앉지 말고 다시 시작해!

옆에 있는 것만으로도 힘이 되는 가족

그는 아버지와 함께 열흘을 보낸 후 다시 집으로 돌아왔다. 비록 창업자금을 구하지는 못했지만 가장 값진 선물인 아버지의 웃음을 안고 돌아왔다.

그가 찾던 모든 것이 웃음 속에 들어 있다는 진실을 알게 된 이상 그는 더 이상 두려울 것이 없었다. 어려움이 있으리라는 것은 이미 예상하고 있지만 그것을 헤쳐갈 용기를 얻었기 때문이었다.

세상을 바라보는 따뜻한 시선, 삶을 대하는 긍정적 태도,

그것보다 더 소중한 것은 없다는 생각을 했다.

그는 새로운 출발을 다짐했다. 아니 재출발이라기보다는 다시 태어난 기분으로 살겠다고 마음먹었다. 마음을 다잡으니 행복하기까지 했다. 과거를 잊을 순 없겠지만 자신 안에 쌓아 두었던 해묵은 분노를 버려야 새로운 것을 채울 수 있다는 아버지의 가르침은 그에게 희망을 선사했다.

그는 집에 돌아오자마자 집안 곳곳을 청소하기 시작했다. 아내가 집을 나간 후 한 번도 제대로 창문을 열어 환기를 하고 청소를 한 적이 없었다. 그는 굳게 닫힌 커튼부터 열어젖혔다. 더운 공기가 훅하고 밀려들어 왔지만 그것마저 신선하게 다가왔다. 구석구석 쌓인 먼지를 닦아 내면서 그는 마치 마음을 억누르고 있던 짐을 벗어던지는 듯한 기분이 들었다.

다음날, 그는 한결 가뿐한 마음으로 아침을 맞았다.

실직 이후 집안에서 이렇게 달게 자 보긴 처음이었다. 모든 것이 생동하는 듯 에너지가 넘쳐났다. 그는 아버지께 전화를 드렸다.

아버지의 웃음

“아버지, 저예요.”

“그래, 잘 올라갔니?”

“네, 아버지 미처 감사하다는 말씀을 못 드리고 왔네요. 정말 감사해요.”

“얘는 별말을 다하는구나. 그래, 네가 잘 사는 게 에비한테 효도하는 게다.”

“예.”

“그런데 아범아.”

“네?”

“무엇보다 네가 먼저 해야 할 일이 있다. 에비가 그 이야기를 한다는 걸 깜빡했구나.”

“그게 뭔데요?”

“우선 혜환 어멈부터 만나 봐야 하지 않겠니?”

“네.”

“예부터 가화만사성이라고 했다. 가족 안에서 웃음이 넘쳐나지 않으면 밖에서 아무리 열심히 해도 성공하기 어렵단다. 네가 알아서 잘하겠지만 에비가 노파심에 한 번 더 말하는 게다.”

“예.”

“그래, 그럼 들어가라.”

“예, 아버지도 건강하세요.”

전화를 끊고 그는 잠시 생각에 잠겼다.

‘아내에게 어떻게 전화를 하지.’

되돌아보면 아내에게 잘해 준 게 정말 하나도 없었다. 매일 야근에, 주말까지 반납하며 회사인간으로 살아온 자신이었다. 아내가 어떤 말을 해도 건성건성 대답했고, 아이에게 무슨 일이 있다고 해도 “당신이 알아서 해”라고 말했을 뿐이었다.

한참을 고민하던 그는 용기를 내어 아내에게 전화를 했다. 전화기 너머로 아내의 목소리가 들려왔다.

“여보세요.”

그는 아무 말 못하고 수화기만 붙잡고 있었다.

“여보세요? 전화를 거셨으면 말씀을 하세요.”

“…”

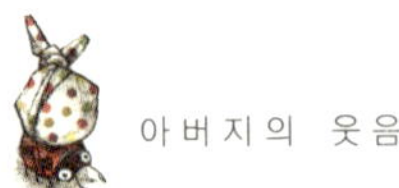

아버지의 웃음

잠시 침묵이 흘렀다. 전화기 너머로 아내의 목소리가 다시 들려왔다.

"혜환 아빠? 당신이에요?"

놀랍게도 아내는 자신임을 금세 알아차렸다. 그는 쭈뼛쭈뼛 대답을 했다.

"어…, 나야…. 그동안 잘 지냈어?"

그는 어색하게 대화를 이어 갔다. 마음속에서는 당장 만나자고 말하라고 소리치고 있는데 막상 말은 하지도 못하고 입에서 맴돌 뿐이었다. 용기를 낸 건 아내 쪽이었다.

"네. 당신은 어때요? 밥은 잘 챙겨 먹고 있어요? 혜환이가 아빠 보고 싶다고 매일 찾네요."

아내의 말에 그는 한달음에 달려가고 싶은 마음을 억누르며 대답했다.

"어, 나도 보고 싶어. 그래서 말인데, 우리 좀 만날 수 있을까?"

연애 시절 자주 가던 명동의 찻집에서 만나기로 하고 전화를 끊은 그는 면도부터 하기 시작했다. 달라진 자신의 모

습을 보여 주고 싶었다. 찻집에 도착
하니 아내가 먼저 도착해 있었다.

"서두른다고 나섰는데, 또 당신이
먼저 기다리고 있네."

"아니요, 내가 좀 일찍 왔어요."

그는 한동안 말없이 찻잔만 만지작
거리다가 어렵게 말문을 열었다.

"여보, 내가 잘못했어. 내가 못나게
굴어서 정말 미안해. 회사에서 쫓겨났
을 때, 나 정말 세상이 다 무너진 것 같
았어. 내 옆에 소중한 사람들이 있다
는 것도 모르고 말이야. 아무도 나를
못난이 취급하지 않았는데 괜히 내 자
존심 때문에 당신에게도 그렇고, 혜환
이에게도 그렇고, 나 자신에게도 못난
짓을 했어. 나 다시 시작해 보려고 해.
그런데 아무래도 나 혼자서는 자신이

없어. 당신과 혜환이가 없으면 내가 무슨 낙으로 살겠어. 여보, 나한테 한 번만 기회를 다시 주면 안 될까?”

고개도 들지 못하고 그는 아내에게 진심으로 사죄했다. 하지만 아내는 아무 말이 없었다. 그는 더 이상 말을 잇지 못하고 고개만 푹 숙이고 있었다. 아내는 여전히 말이 없었다. 그는 이 상황을 어떻게든 벗어나야 한다는 생각에 용기를 내어 고개를 들었다.

아내는 그를 바라보며 눈물을 흘리고 있었다. 아내와 눈이 마주친 그의 눈에도 눈물이 핑 돌았다.

“여보.”

아내는 그의 손을 꼭 잡더니 한마디 했다.

“당신, 또 그랬단 봐요! 그땐 내가 짐 싸는 게 아니라 당신 짐 싸서 내쫓고 이혼 서류부터 접수할 거예요!”

아내는 그렇게 말하며 찡긋 눈을 흘겼다.

“뭐라고? 하하하하….”

다음날 아내는 아이를 데리고 집으로 돌아왔다. 아내는 묵은 먼지를 털어내며 청소부터 시작했다.

"아휴, 대체 이런 곳에서 어떻게 살았대요?"

"어…. 치운다고 치웠는데…."

"당신이 평생 청소해 본 적이 없으니 그렇지요. 한 번을 해도 제대로 해야 해요. 이것 봐요."

아내가 치켜든 걸레는 까맣게 더러워져 있었다.

"아휴, 까마귀가 자기 집인 줄 알고 둥지 틀겠네."

"뭐라고? 하하하하…."

오랜만에 아내와 함께 그는 활짝 웃었다. 집안에 웃음이 흘러넘치자 그도 자신감을 더해 갈 수 있었다.

그는 차분히 앞날에 대한 계획을 세우기 시작했다.

가진 돈이 없으니 처음부터 무리를 할 수는 없다고 생각했다. 자신이 가장 자신 있는 것은 역시 기획력이니까 투자를 받을 수 있는 아이템을 발굴하기로 마음을 먹고 정보부터 모으기 시작했다. 회사에서 일할 때보다 훨씬 즐겁게, 피곤한지도 모르고 열심히 했다.

그는 고심 끝에 '한국식 스파게티 전문점'을 내기로 마음먹었다. 경험은 없지만 직장생활을 하면서 그 분야와 관련된 일을 계속 해왔기 때문이었다.

결심을 굳히자 그는 모든 것이 선명해지는 느낌이었다. 그는 며칠 밤낮으로 사업계획서와 운영계획서를 작성했다. 자금을 지원해 줄 곳을 찾으려면 무엇보다 중요한 일이었다.

예전에 방황하는 자신을 보며 아내가 정부에서 신용을 보증하는 제도를 이용해 보라며 제안한 적이 있었다. 그때는 '이까짓 거 내가 아무리 열심히 써도 빽 있는 놈들한테 다 돌아갈 텐데…' 하며 돌아보지도 않던 그였다. 하지만 그는 더 이상 불만으로 가득 차 자신을 좀먹던 과거의 그가 아니었다.

최선을 다해 시장조사, 상권분석, 자료조사를 했다. 결과가 어찌 되건 즐겁게 일하고 있는 자신이 자랑스러웠고 누구보다 행복했다.

처음 그가 사업을 벌이겠다고 말했을 때 불안해하던 아내도 그의 모습을 보며 말없이 동조자가 되어 주었다.

아버지의 웃음

“여보, 나 솔직히 불안하긴 해요. 창업하는 사람들이 좀 많아야죠. 모두 다 성공하는 것도 아니고…. 하지만 나 믿을 게요. 당신이 이렇게 활기차게 자신감을 찾은 것만으로도 나는 행복해요. 우리 가족이 정말 가족이 된 것 같아요.”

아내의 말에 그는 더 없는 지원군을 얻은 듯 기뻤다.

“여보, 너무 걱정하지 마. 세상에서 제일 값진 보물을 나는 가지고 있으니 꼭 성공할 거야.”

그는 오랜만에 아내 앞에서 자신감 있는 웃음을 보이며 속으로 외쳤다.

‘울든지 웃든지, 그건 내게 달려 있어!’

옷을 벗어야 날개를 펼 수 있다

그는 주도면밀하게 일을 추진했다. 자신보다 시장을 더 잘 아는 전문가들에게 자문도 구했다. 예전 같았으면 자문받을 생각조차 못했을 텐데 함께하지 못하면 성공할 수 없다는 지혜를 아버지에게 배웠기 때문에 겸손하게 전문가의 조언을 구하기로 마음먹은 것이었다.

모든 것이 준비가 되었다고 판단되었을 때 그는 최선을 다해 작성한 사업계획서를 가지고 투자자를 모으기 시작했다.

생각보다 쉽지는 않았다. 모두들 그의 경험이 일천하다는 것을 이유로 들며 난색을 표했다. 하지만 그는 주저하지 않았다. 아이디어와 열정은 어떠한 상황에서도 웃음을 만들어 낼 수 있다는 아버지의 가르침을 따라 자신감 있게 대처했다. 그는 거절을 당하면서도 웃음을 잃지 않고 상대방과 헤어지는 마지막 순간까지 최선을 다했다.

그러던 어느 날 거들떠보지도 않던 한 투자자가 그에게 투자하겠다는 연락을 해왔다.

"내 김 차장 그 당당함에 두 손 들었어. 자네한테 거절하고 집에 들어왔는데도 미안한 게 아니라 실실 웃음이 나는 게야. '이 사람이 원래 이렇게 자신감 넘치고 유머러스한 사람이었나' 싶은 생각도 들고, 자네가 말한 유머도 재미있고. 그래서 곰곰이 생각을 해봤지. 그런데 자넨 그렇게 유머러스한 사람이 아니었단 말이지. 그래, 난 그게 신기했단 말일세. 자네가 그렇게 자신감이 넘치는 이유가 궁금하잖아. 그래서 내 자네가 준 사업계획서를 꼼꼼히 읽어 봤네 그려. 자네 정말 준비 많이 했더군. 이런 일이라면 내 보기에도 성공 가능성이 있어. 내 이번에 자네 한번 믿어 보겠네. 자네, 나 실망시키지 말게."

그랬다. 최 사장은 그의 웃음과 진취적 자세에 점수를 주었다. 실력이면 모든 것이 다 된다고 생각하던 지난 시절에는 생각할 수 없었던 일이었다. 최 사장의 도움으로 몇 곳에서 투자를 더 받게 되었다.

아내도 그를 돕겠다며 스파게티 전문점에 취직을 했다. 비록 주방 보조였지만 아내는 그곳에서 어깨 너머로 노하우를 배우기에 여념이 없었다.

하루하루 그는 새로운 투자처를 찾기 위해 동분서주했고, 아내는 아내대로 스파게티 신 메뉴 개발에 힘썼다. 두 사람은 지쳐 녹초가 되어 집에 돌아오는 날이 많았지만 서로 얼굴을 보며 행복한 미소를 지었다. 두 사람은 서로를 격려하면서 희망을 키워 나갔다.

그는 가끔 아버지께 안부 전화를 하는 일도 잊지 않았다. 아버지께 다녀온 이후 꼬박꼬박 챙기는 일 중 하나였다.

아버지께 전화를 할 때마다 웃음을 만들어 나갈 수 있는

1998

선물을 받는 느낌이었다. 그는 준비 상황이며 투자에 관한 것, 아이템 등 아버지가 잘 아시지 못할 만한 일들까지 자세하게 설명해드리고는 했다.

그때마다 아버지는 마치 옆에 계신 것처럼 아들에게 힘을 주셨다.

"애야, 잘하고 있구나. 그런데 너무 욕심 부리지 말렴. 돈을 보지 말고 일을 보고, 일보다는 사람을 보아야 한다. 모든 것을 다 얻어도 사람을 잃으면 아무것도 아니란다. 너는 누구보다 잘 해낼 수 있을 게다. 애야, 어려운 일이 있어도 웃으면 다 해결된단다."

"예, 아버지 감사합니다. 아버지도 건강하세요."

그렇게 아버지는 그의 정신적 후원자가 돼 주었다. 가끔씩 드는 불안함이나 망설임도 아버지와 통화를 하고 나면 떨쳐버릴 수 있었다.

효도를 한다고 생각하며 전화를 하는 것이었지만 결국 자신이 아버지에게 더 큰 선물을 받고 있었다.

아버지의 웃음

그는 이윤보다는 사람을 생각하며 손님들을 즐겁게 해줄 수 있는 방법을 찾기 위해 고심하며 착실히 사업 준비를 해나갔다. 아주 몫이 좋은 곳은 아니었지만 가능성 있는 곳에 가게도 임대를 받고, 인테리어도 한국식 스파게티라는 아이템에 맞게 단장했다. 그러면서 그는 '최고의 품질, 웃음을 통한 최고의 서비스'를 목표로 삼았다.

어느 정도 준비가 다 되어 가고 있을 무렵, 그에게 등기 우편물이 하나 도착했다. 삐뚤빼뚤 적힌 겉봉에는 아버지 함자가 수줍게 웃고 있었다.

봉투를 열어 보니 그 안에는 통장과 아버지의 편지 한 통이 담겨 있었다.

통장에는 어떤 날은 삼천 원, 어떤 날은 만 원, 그렇게 몇 년 동안 모아 온 돈 오백만 원이 들어 있었다. 그는 통장을 보며 아버지의 주름진 얼굴과 까칠한 손이 생각나 눈물이 핑 돌았다. 그는 마음을 다스리며 편지를 펼쳐들었다.

아들아,

  얘야, 에비가 가진 게 많지 않아 네게 큰 도움이 못
되는구나. 미안하다.
  우리 아들 새롭게 시작하는 데 에비가 조금이라도
보탬이 되었으면 해서 보낸다.
  네게 조금이나마 도움이 되었으면 좋겠구나.

  얘야, 울거나 웃거나 그건 네게 달려 있단다.
  무엇보다 네가 하고자 하는 일을 찾아서 네 목표를
향해 한 걸음 한 걸음 차분히 나아가렴.

  과유불급이라 했다. 너무 욕심 내지 말고, 무리하지
말고, 사람들과 함께 푸른 숲을 가꾸어 가렴. 에비는
너를 믿는다.

  너와 내 가족이 웃는 게 에비에게는 최고의 행복임
을 잊지 말거라.

아버지의 편지를 읽으며 그는 다시 한 번 마음을 다잡았다. 그리고 자신의 가게 이름을 '스마일'로 하기로 마음먹었다.

아버지의 웃음에서 얻은 아이디어였다. '스파게티로 마음속 행복을 일구어 주는 집'이란 의미를 담은 것이었다. 아내도 그의 아이디어가 너무나 좋다며 격려해 주었다.

모든 일에서 웃음을 찾아라

　　한국식 스파게티 전문점 '스마일'은 차츰 자리를 잡아갔다. 처음에는 반신반의하던 고객들도 퓨전 스타일의 스파게티를 좋아했고, 입소문이 나기 시작하면서 매스컴에서도 관심을 보였다. 그야말로 탄탄대로를 향해 나아가는 기분이었다. 그와 아내의 얼굴에는 웃음이 끊이지 않았다.

　　그런데 문제는 생각지 못한 곳에서 터져 나왔다.

　　맛있는 집을 소개하는 인터넷 게시판에 스마일의 음식은

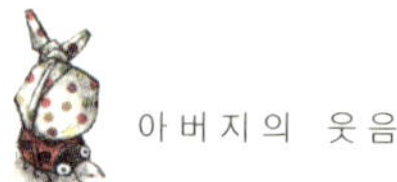

맛있지만 직원들의 불친절한 태도로 인해 마음까지 행복하
지는 않다는 내용이 올라온 것이었다. 처음 올라온 글 아래
로 고객들의 항변이 꼬리에 꼬리를 물었다.

'맛있다고 해서 한번 가 봤는데 정말 기분이 나빴다.'

'너무 바쁘니까 손님들한테 신경을 안 쓴다. 장사 잘 된
다고 이런 식으로 하면 안 된다.'

파문은 일파만파 퍼져 나가 그 많던 손님들이 일순간 끊
어져 버렸다.

며칠째 파리만 날리는 가게에서 그는 죽상을 하고 앉아
대책 마련에 부심했지만 뾰족한 수가 없었다. 직원 교육을
제대로 시켰다고 생각했는데 이런 일이 터지니 더 답답한
노릇이었다. 도대체 문제가 무엇인지 찾기 위해 그는 고민
으로 일과를 보내기 일쑤였다.

사업계획서 하나만 보고 자신을 믿어 준 투자자들에게
실망을 안겨 줄 것도 걱정이 되었고, 무엇보다도 재기에 실
패하면 다시 일어설 수 없을 것 같은 불안함에 지배당하고
있었다. 직장에서 쫓겨나던 그날이 생각나 악몽을 꾸는 날

이 많아졌다.

그러던 어느 날 그의 아내가 말했다.

"여보, 우리 가게 이름이 뭐지요?"

"어?"

"우리 가게 이름이 스마일이잖아요."

"어."

아내가 뜬금없이 가게의 이름으로 이야기를 꺼냈다.

"가게 이름처럼 우리부터 스마일해요. 어려운 일이 있을 때 더 잘 웃고 더 긍정적으로 생각해야 한다면서요. 그러니 여보, 너무 걱정하지 말고 우리 웃으면서 방법을 찾아봐요."

아내의 이야기를 듣던 그는 문득 아버지의 얼굴이 떠올랐다.

'욕심을 부리지 말아라. 모든 걸 다 얻어도 사람을 잃으면 소용이 없다. 긍정적인 자세로 임하면 웃음이 끊이질 않을 것이다.'

아내에 말을 듣고 보니 그랬다. 장사가 잘 되니 욕심이

생겼었다. 빨리 성공해서 나를 믿어 준 사람들, 아버지, 최 사장, 모든 이들에게 자랑하고 싶었다. 주변 사람들에게 빨리 보여 주고 싶었다.

그는 일단 마음을 새롭게 고쳐먹고 자신부터 돌아봤다. 먼저 아버지가 말씀하셨던 것처럼 어려움에 빠진 자신에 대한 연민을 벗어버리기로 했다.

'뭔가 문제가 있겠지. 하지만 사람의 일인데 풀 수 있을 거야.'

그는 일단 마음을 새롭게 하기 위해 아버지께 다녀오기로 하고 길을 나섰다. 지난번 그렇게 다녀온 뒤 6개월 만에 찾는 고향집이었다.

아버지는 겨울인데도 여전히 바지런히 하우스 일을 하고 계셨다.

"아버지."

"아니, 애야. 어쩐 일이냐. 일이 바쁘다더니…."

그는 아버지와 사랑방에 앉아서 군불을 쬐며 자초지종을 말씀드렸다. 그리고 처음 고향집을 나서며 다짐했던 마음

아 버 지 의 웃 음

가짐으로 돌아가기 위해서 왔다고 말했다. 아버지는 그를 보며 대견하다는 듯 빙그레 웃음만 지으셨다. 한참 말없이 화로를 뒤적이시던 아버지가 무언가 생각난 듯이 그에게 말했다.

"애야, 내가 지난달에 동네 영감들하고 읍내에 있는 단고 기집에 다녀왔거든."

"네."

"종업원인지 주인인지 네 또래쯤 되는 여자가 참 깍듯하게 인사도 잘하고 곰살갑더라. 그런데 이 아줌마가 어찌나 재미가 있는지. 영감들이 웃다가 배꼽들 다 놓고 나왔다."

"네?"

"그 아줌마가 주문을 받으러 와서는 '혹시 개고기 안 드시는 분 계서요?' 라고 묻더라. 그래 윗집 영감하고 철희 아범이 손을 들었지. 그 영감들은 단고기도 못 먹으며 왜 따라왔는지 모르겠다. 하여튼, 그랬더니 이 아줌마가 뭐라고 했는지 아니?"

"뭐라고 했는데요?"

"어! 그럼, 이 두 분 말고 다른 아버님들은 모두 개시네요!"

"뭐라고요? 하하하하하."

"순간 다들 개가 되고서도 얼마나 웃었는지. 그렇게 웃고 나니 음식도 더 맛있고 즐겁게 먹고 왔지 않겠니. 그 집에 처음 가 봤지만 몇 십 년 동안 다니던 단골집처럼 그렇게 마음 편하고 좋을 수가 없더라."

그의 머릿속을 스쳐가는 장면들이 있었다. 그의 가게 직원들은 다들 예의 바르고 깍듯하긴 했지만 정작 마음에서 우러나온 서비스를 베풀 줄 몰랐다. 요식적으로 "예, 알았습니다. 감사합니다"라고 말할 뿐이었다. 생각해 보니 가게에서 손님들이 박장대소하는 모습을 본 적이 없었다. 그는 아버지가 말씀하신 단고기 집의 웃음을 마음속에 새겼다.

아버지를 뵙고 온 그는 큰 전략을 다시 짜기 시작했다. 지금의 시련은 더 큰 미래를 만들기 위한 주춧돌이라고 생

아버지의 웃음

각하니 에너지가 솟았다. 그는 단지 식당을 운영한다는 생각보다는 행복을 나누겠다는 처음의 의지를 다시 마음에 담았다. 그는 처음 온 고객들도 자신이 마치 그 집 단골인 것처럼 느끼게 만드는 그 단고기집처럼 고객들이 편안함과 즐거움을 느끼는 공간으로 만들기 위한 방법을 고심했다. "도토리를 보면, 그것이 어디서 왔는지를 생각하라" 하시던 아버지의 말씀이 스쳤다.

'직원들 한 사람 한 사람이 상수리나무가 되어야 한다.' 그는 직원들과 웃음의 가치를 나누어 각자 한 그루의 멋진 나무가 되도록 돕기로 했다.

그가 가장 먼저 한 일은 웃음 거울을 직원 탈의실에 걸어 놓은 것이었다. 하루를 시작하면서 자신의 얼굴을 보고 웃으며 시작하자는 의미였다.

거울 위에는 '웃으면 행복해집니다' 라는 글귀를 붙였다. 자신만 웃음을 실천한다고 해서 될 일이 아니라는 것을 깨달았기 때문이었다.

그는 자신이 최고로 여기는 가치 '웃으면 성공한다' 에 대해 설명하고 직원들과 비전을 나눴다.

하지만 직원들은 쉽게 바뀌지 않았다. 미소는 지었지만 몸에 맞지 않은 옷을 입은 사람처럼 어색해했다. 그는 욕심을 부리지 않았다. 처음부터 잘될 거라는 기대도 하지 않았다. 재치와 유머가 몸에 배려면 평소에도 늘 긍정적인 마인드를 가져야 하고 무엇보다 연습이 필요한 일임을 잘 알기 때문이었다.

그는 시간이 날 때마다 직원들과 자주 대화하고 자주 웃었다. 무엇보다 직원들과 목표를 나누는 일을 게을리 하지 않았다. 자신과 회사의 목표는 물론 직원 각자의 목표에 대해서도 서로 공유했다. 그는 꾸준히 직원들에게 앞으로의 방향을 제시하고 다시 일어나자고 격려했다. 한 사람 한 사람이 작은 나무가 되어 가자 그의 가게는 하나의 숲이 되어 갔다.

직원들의 표정이 변해 가면서 손님들도 다시 하나 둘 늘어나기 시작했고 어느덧 스파게티 전문점 스마일은 예약 없이는 손님을 받을 수 없을 정도가 되었다.

모두들 즐겁게 일하다 보니 손님도, 직원들도, 그리고 그 자신도 행복해졌다.

스마일은 그야말로 '스파게티로 마음속 행복을 일구어 주는 집'의 의미가 딱 맞아떨어지는 가게가 되었다. 인터넷 게시판의 악평은 하나 둘 자취를 감췄고, 사람들의 칭찬이 끊이질 않았다.

그러던 어느 날, 한 고객이 그에게 다가와 말을 건넸다.

"저기, 여기 사장님이시지요?"

얼마 전부터 스마일을 자주 찾는 중년의 고객이었다. 그는 중년 남자의 선한 인상과 아이들에게 자상하던 모습 때문에 그를 기억하고 있었다.

"네, 그렇습니다. 저희 집 자주 오시는 손님이시죠? 오늘은 혼자 오셨나봐요. 자제분들이 참 귀엽던데."

그의 말에 중년 남자는 기뻐하며 함박웃음을 지었다.

"네, 기억하시는군요. 애들이 스파게티를 좋아하는데 다른 곳에서는 당최 제가 먹을 만한 게 없더라고요. 그런데 여기선 김치를 넣은 스파게티가 제 입맛에 잘 맞아요. 그래서 가족들과 같이 자주 옵니다.”

“네, 정말 감사합니다. 앞으로도 자주 들러 주세요.”

중년 남자는 고개를 끄덕이며 함박웃음을 지었다. 그리고는 말을 이었다.

“실은 오늘 제가 사장님께 부탁을 드리려고 왔습니다. 꼭 들어주셔야 합니다.”

“네? 아, 예. 제가 들어드릴 수 있는 일이면 기꺼이 돕겠습니다.”

“하하. 역시 호탕하시군요. 제가 여기 드나들면서 보니 직원들이 활짝 웃고 있었어요. 다시 올 때마다 조금씩 더 자연스럽게, 더 활짝 웃더라고요. 한참 생각해 보니, 사장님 가게가 잘 되는 이유가 이거다 싶더군요. 그래서 사장님을 유심히 보니 그게 사장님의 경영 방식이더군요. 사장님 스스로도 잘 웃으시고. 저도 메뉴 때문에 온다고는 했지만 가족처럼 반갑게 맞아 주는 이곳의 웃음에 반했거든요.”

“아이고, 과찬이십니다. 다 좋게 봐 주시니 그렇지요.”

“아닙니다. 웃음 경영이란 게 아무나 할 수 있는 건 아닌 것 같아요. 기업체들에서도 요즈음 그 부분에 관심을 많이 가지고 있지요. 그래서 말인데요. 제가 조그만 사업을 하는데 젊은 CEO들이 정기적으로 모이는 조찬 모임이 있어요. 거기에서 사장님께서 웃음에 관해 한 말씀해 주실 수 있을까요?"

"강연이요? 저를 너무 띄워 주시는 걸요. 너무 영광스럽지만 제겐 그만한 재주는 없습니다."

그는 손사래를 치며 사양했다.

"걱정하실 거 없어요. 지금 그 모습, 그 마음 그대로를 전해 주시면 돼요. 사장님이 재주가 없다니요. 제가 보기엔 사장님은 웃음에 관해서는 최고이신 것 같은데요."

거듭되는 간곡한 부탁에 그는 결국 더 사양하지 못하고 웃음에 관한 특강을 하기로 약속했다.

막상 약속을 하긴 했지만 그는 어떻게 해야 할지 방향을 잡지 못한 채 고민하다 아버지께 이 사실을 알렸다. 아버지는 그를 격려하며 한마디 했다.

"애야, 웃음에 비결이 없다는 건 네가 더 잘 알지 않니.

그저 네 경험과 네가 했던 것을 말해 주렴."

아버지와 전화를 끊고 그는 자신의 지난 시절을 되돌아보았다. 처음 직장을 쫓겨나던 때부터 아버지께 다녀오면서 삶의 태도에 대해 다시 생각하게 된 것, 스마일의 창업과 시련, 그리고 오늘까지.

한참 추억에 잠겨 있다 보니 뭔가 맥이 잡히는 것 같았다.

'아, 그래! 그거다.'

그는 아버지의 말씀처럼 자신의 경험을 바탕으로 강의안을 마련하기 시작했다.

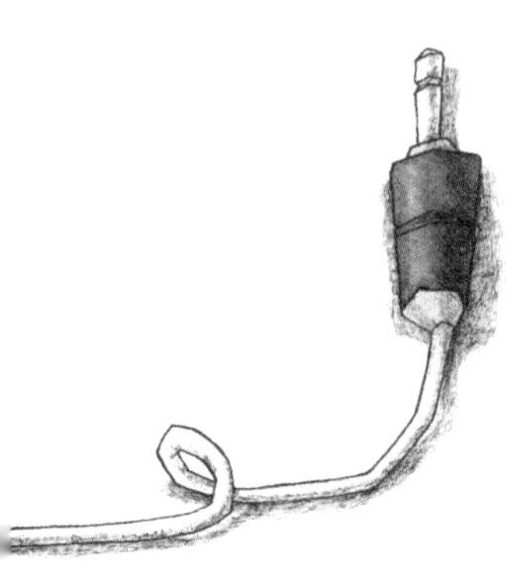

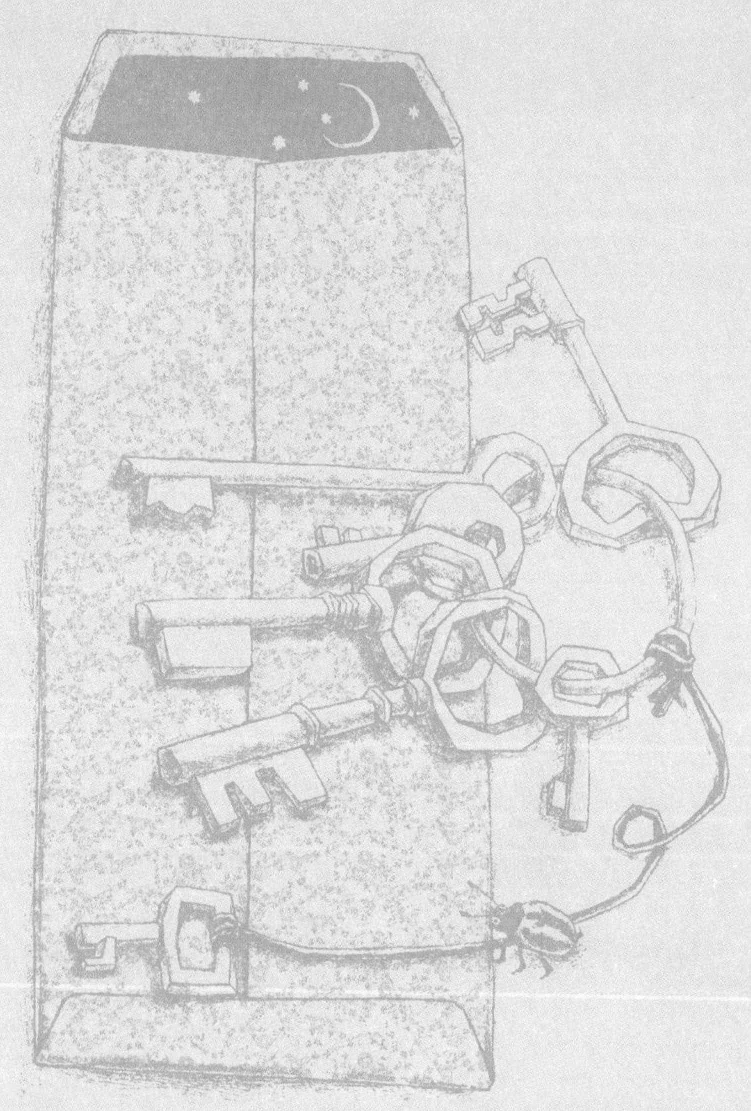

5장

아버지가 남긴 소중한 선물

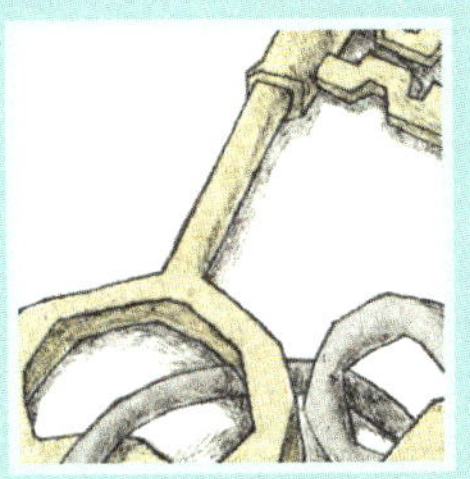

인생의 마지막 순간에도 웃을 수 있다면

마음으로 전한 그의 강의는 성황리에 끝났다. 참석한 CEO들은 그의 말에 공감하면서 즐거워했다. 그들 중 몇몇은 자신의 회사에 와서 강의해 달라고 요청하기도 했다. 이런 일이 반복되면서 그는 일주일에 한두 차례씩 기업체 강의를 하게 되었다. 세상에서 가장 불운한 사람이 자신인 것처럼 분노를 쏟아내던 그가 직장인들에게 웃음을 전하는 인도자가 된 것이었다.

그는 항상 강조했다.

"우리는 흔히 생각합니다. 학력이 뛰어나거나 실력이 있으면 행복할 거라고요. 그런데 지금 행복하십니까? 자, 이제 여러분 안에 살아 숨쉬고 있는 웃음을 보세요."

경쟁에 쫓기고, 스트레스에 쌓인 직장인들에게 그의 강의는 살아 있는 메시지가 되었다. 간혹 고맙다는 편지가 오기도 했고 가게로 찾아와 더 큰 가르침을 청하는 사람들도 생겨났다. 그들을 보며 그는 행복해졌다. 자신이 전하는 웃음이 결과적으로 다시 자신에게 기쁨으로 돌아온 것이었다.

그때마다 그는 아버지가 주신 귀한 선물에 더욱 감사하면서 웃음이든 울음이든 누가 주는 것이 아니라 스스로 선택하고 찾아가야 한다고 마음을 다잡았다.

가게도 어느 정도 안정 궤도에 올랐고 몇 곳의 분점을 내며 프랜차이즈로 발돋음할 준비를 하고 있었다.

그는 새로 오픈하는 매장도 꼼꼼하게 챙기며 '웃으면 성공할 수 있으며 행복해집니다'를 직원들에게 전했고, 그 직원들은 다시 고객들에게 웃음을 전했다. 그렇게 스마일은 행복한 웃음의 산실로 명성을 쌓아 갔다.

　그러던 어느 날 청천벽력 같은 소식이 그에게 날아들었다. 아버지가 태풍으로 쓰러진 벼를 세우다가 쓰러지셨다는 것이었다. 정신없이 차를 몰아 아버지를 찾아가니 아버지는 힘없이 병상에 누워 계셨다. 다행히 정신은 차리셨지만 아버지의 몸은 이미 마비되었고 말씀조차 하실 수 없는 상황이었다.

　아버지를 바라보며 눈물짓는 그를 향해 아버지는 '다 괜찮다. 걱정마라'고 말씀하시는 것만 같았다. 힘이 드실 텐데도 아버지는 그의 얼굴을 보며 애써 웃음을 지어 주셨다.

　담당의사는 워낙 노령이시라 오래 버티시긴 힘드실 거라며 준비를 하라고 했다. 그는 마지막까지 자신이 그동안 다하지 못한 효도라도 하겠다며 병원에 남았다.

　아버지는 그가 얼굴을 씻겨드리면 아이처럼 웃으셨고, 손을 닦아드리면 또 함박웃음을 지으셨다. 그렇게 며칠 그는 병상에 누워서도 웃음을 잃지 않은 아버지와 함께 했다.

아 버 지 의　웃 음

그는 죽음의 상황에서도 웃음을 잃지 않으시는 아버지의 모습을 뵈며 다시금 아버지의 가르침을 되새겼다.

그렇게 며칠 후, 아버지는 결국 하늘로 오르셨다.

그의 손을 꼭 잡으며 마지막 순간마저도 편안한 웃음을 지으며 세상을 뜨셨다.

그는 아버지를 땅에 묻으며 아버지의 가르침을 자신의 마음에 묻었다.

한 달 후, 그는 아버지의 유품을 정리하기 위해 고향집을 찾았다.

처마 밑에 쌓여 있는 장작더미를 보며 시원하게 웃으시던 아버지의 얼굴이 오버랩되었다. 분노를 버리라며 아궁이에 종이를 넣고 활활 태우던 모습도 기억났다. 아버지와 함께 캐온 더덕으로 담은 더덕주를 보며 아버지가 말씀하셨던 ‘집중하라’ 는 가르침도 생각났다.

한 가지, 한 가지 아버지의 손길이 닿은 것들을 정리하며 아버지의 마음이 느껴졌다. 한참 정리를 하던 그는 아버지의 앉은뱅이책상 서랍에서 편지 뭉치 하나를 발견했다.

편지를 읽어 나가던 그는 주저앉아 통곡을 하지 않을 수 없었다. 그것은 다름 아닌 몇 년 전 자신이 가장 힘들다고 생각했던 그때 아버지가 자신에게 쓴 편지들이었다. 그는 그것을 보듬어 안았다. 서러운 눈물이 한없이 흘렀다.

한참 만에 집을 나서려는데 발길이 떨어지질 않았다. 조심해서 운전하라며 손을 흔들어 주시던 아버지의 모습, 아버지의 온기를 더 이상 어디에서도 느낄 수가 없다는 것이 사무쳤다. 언덕 너머로 자동차가 사라지고서도 빈 의자에 한참 앉아 자식 잘 되기를 기도하셨던 아버지, 이제는 하늘나라에서 더 큰 웃음을 준비하고 계시리라 믿으며 그는 차를 돌려 힘차게 달리기 시작했다.

집에 돌아온 그는 아버지의 편지를 차분히 다시 읽기 시작했다. 그날 그날 자신에게 가르침을 주시던 아버지의 메시지가 그대로 담겨 있었다.

아버지의 마지막 편지를 읽은 그는 그리움에 눈물을 흘렸다. 인생의 참 스승이신 아버지를 잃은 슬픔에 마음이 아

팠지만 한편으로 아버지의 인생이 자신의 삶 전체를 바꾸
어 놓았음을 깨달았고 그것은 하나의 기쁨으로 다가왔다.
그는 떠나시기 전 병상에 누워 어린 아이처럼 웃으시던 아
버지의 모습을 그려 보았다. 아버지의 웃음이 그를 따뜻하
게 감싸주었다. 그는 비로소 아버지가 말씀하시던 웃음의
참 가치를 깨달았다. 웃음은 자신을 알고 극복하는 마음에
서 비롯된다는 것을, 웃을 수 있다는 것은 진정한 능력이며
웃음을 나누는 일이 사랑을 나누는 것이라는 사실을….

아들아,

　애야, 에비는 네가 참으로 자랑스럽구나. 네가 이룬 것들을 보며 에비는 모든 것을 다 가진 것처럼 힘이 난단다.

　이젠 누구보다 네가 가장 잘 알겠지만 네가 하고 싶은 일을 찾으면 자연스럽게 웃게 된단다.
　이제 그것을 찾았으니 항상 멈추지 말고 계속 앞으로 나가렴.

　농사일을 보면 그렇잖니. 아무리 작년 농작물이 풍성하다 해도 올해 부지런히 일하지 않으면 논밭은 온통 잡초로 뒤덮히고 말지 않더냐.

　그렇게 한해 두해 게으름을 부리면 곳간에 쌓아 둔 곡식도 바닥을 드러내고 말 게야.

　애야, 지금의 행복을 지키기 위해선 무엇보다 네가 늘 좋은 생각만 하고, 좋은 것만 봐야 한다.

　그래, 요새 사람들은 긍정적 사고라고 말하는 것 같더구나. 그리 어려운 말을 가져다 붙이지 않아도 네가 가장 잘 알 게다.
　좋은 생각을 하면 좋은 결과를 얻고, 나쁜 생각을 하면 나쁜 결과를 얻는다는 걸 말이다.

　웃거나 울거나 그건 결국 네가 선택하는 거란다. 그리고 그 행복의 씨앗, 웃음의 씨앗을 고루 나누거라. 함께 하지 않으면 아무런 의미가 없잖니.

　소나무 숲에서 봤던 것 기억하지? 그렇게 사람들과 함께 숲을 이룰 때 비로소 네가 진정한 행복을 얻을 수 있을 게다.

　얘야, 에비는 네가 정말로 자랑스럽구나.

　장하다, 내 아들아.
　사랑하는 아들아.

웃음을 나누는 법, 받아들이는 법

　　　아버지가 돌아가신 후 그는 웃음의 가치를 나누는 일에 매진하기 시작했다. 어렵고 힘든 일이 있을 때마다 자신 안에서 살아 숨쉬는 웃음을 꺼내 일상에 적용시켰다. 일을 할 때나 사람을 만날 때도 항상 웃음으로 대했다.

　　한두 곳의 강의를 나가면 그 강의를 통해 또 다른 강의 제안이 들어왔다. 사업과 강연을 병행하면서 그는 몸은 고됐지만 아버지가 말씀하신 웃음의 씨앗을 나눈다는 마음가짐으로 임했다.

그의 강의를 들은 사람들은 웃음 강의를 계기로 잃어버렸던 의욕을 되찾게 되었다고 했다. 잃어버리고 있던 꿈과 목표를 찾는 것의 소중함을 깨달았으며, 결과보다는 과정을 중시하며 늘 긍정적인 태도로 웃으면서 살 수 있게 되었다고 감사해 했다. 그는 돈을 벌어들이는 것보다도 웃음을 나누는 일이 더 즐겁고 자랑스러웠다.

그의 인생은 이렇게 달라져 갔다. 게다가 아버지의 큰 웃음의 뜻을 이어가고 싶다는 소망과 아버지의 유언을 이루어 나가야 한다는 사명감 또한 컸다. 예전 같으면 생각지도 못했을 일이었다. 하지만 그런 열정은 오히려 그 자신까지 충만하게 만들어 주었다. 아내 역시 그를 적극적으로 도왔다.

모든 것이 다 잘 이루어져 갔지만 그는 자만하지 않았다. 하늘 높은 줄 모르고 혼자 자라는 나무 아래는 아무것도 들지 않는다던 아버지의 말씀을 기억했기 때문이었다.

그는 언제나 하루의 시작은 거울을 보며 웃는 것으로 시작했다. 그리고 늘 다짐했다.

“자, 내 미래는 웃음이다! 하하하하하하하하.”

‘웃음은 전염된다. 누가, 무슨 이유로 웃더라도 그 웃음은 주변 사람들에게 전해진다. 전해진 웃음은 또 다른 웃음을 낳고 그렇게 웃는 모든 이들이 행복해진다’고 믿으며….

웃음은 힘이다.

하찮은 웃음일지라도 나누면 커지고

아무리 어려운 일일지라도

웃음으로 극복하지 못할 일은 없다.

웃음은 행복하다는 것을

세상에 알리는 유일한 길이다.

웃는 데는 자격이 없다.

그저 웃는 것만으로 충분한 자격을 얻은 것이다.

그러므로 나는 웃는다.

나부터 웃자.

웃음을 나누자.

웃음을 에너지로 받아들이자.

아버지의 웃음

1판 1쇄 인쇄 2006년 4월 15일
1판 1쇄 발행 2006년 4월 20일

지은이 임붕영
발행인 고영수
발행처 청림출판
등록 제9-38호(1973. 10. 8.)
주소 135-816 서울시 강남구 논현동 63번지
전화 02)546-4341   **팩스** 02)546-8053

www.chungrim.com
cr1@chungrim.com

ISBN 89-352-0646-6   03320

가격은 뒤표지에 있습니다.
잘못된 책은 교환해 드립니다.